STATISTIQUE DE STRASBOURG

LES ÉLECTIONS

législatives, cantonales et municipales

de

1928 et de 1929
à STRASBOURG

Die Kammer-, Kantonal- und Gemeinderatswahlen von 1928 und 1929 in Strassburg

Publié par l'Office municipal de Statistique

STRASBOURG
IMPRIMERIE ALSACIENNE
1929

STATISTIQUE DE STRASBOURG

LES ÉLECTIONS

législatives, cantonales et municipales de 1928 et de 1929 à STRASBOURG

Die Kammer-, Kantonal- und Gemeinderatswahlen von 1928 und 1929 in Strassburg

Publié par l'Office municipal de Statistique

STRASBOURG
IMPRIMERIE ALSACIENNE
1929

Statistique de Strasbourg.

Les élections législatives, cantonales et municipales de 1928 et de 1929 à Strasbourg.

Table des matières :

Inhaltsverzeichnis :

IV. Les élections municipales des 5 et 12 mai 1929

IV. Die Gemeinderatswahlen vom 5. und 12. Mai 1929

Introduction.

Le présent livre a pour but de renseigner objectivement le lecteur sur les résultats des consultations électorales de la période de 1928 et de 1929. Le rédacteur en a comparé les chiffres avec ceux des périodes électorales de 1919 ainsi que de 1924 à 1925. Ces derniers ont fait l'objet d'une publication antérieure de l'Office municipal de statistique de Strasbourg, parue en 1927 et intitulée :

« Les élections de 1919 à 1927 à Strasbourg ».
En voici les principaux titres :

I. *Statistique des élections des mois de novembre et décembre* 1919 :
  a) Elections à la Chambre des députés du 16 novembre 1919.
  b) Elections au Conseil général du 14 décembre 1919.
  c) Elections au Conseil municipal du 30 novembre 1919 ; élections du Maire et des Adjoints du 10 décembre 1919. Elections des délégués et de leurs suppléants pour l'élection sénatoriale (10 décembre 1919).
  d) Elections sénatoriales du 11 janvier 1920 dans les 3 départements recouvrés.

II. *Elections cantonales de mai* 1922 *dans les cantons Nord et Sud de Strasbourg.*

III. *Elections législatives du* 11 *mai* 1924.

IV. *Elections municipales des* 3 *et* 10 *mai* 1925.

V. *Elections au Conseil général dans les cantons Est et Ouest* (19 *et* 26 *juillet* 1925).

VI. *Elections au Conseil d'arrondissement* :
dans les cantons Nord et Sud les 19 et 26 juillet 1925,
dans les cantons Est et Ouest les 2 et 9 août 1925.

VII. *Elections prud'homales des mois de décembre* 1920 et 1926 *à Strasbourg.*

VIII. *Elections sénatoriales du* 9 *janvier* 1927.

Le présent livre fait suite à cette publication de 1927. Les nombreux tableaux synoptiques sont complétés par des analyses statistiques sommaires et des représentations graphiques en forme d'histogrammes.

Einleitung.

Dieses Buch soll den Leser über die Strassburger Ergebnisse der wichtigen Volksbefragungen der Wahlperiode von 1928 und 1929 aufklären. Der Schriftleiter hat sie mit den Resultaten der früheren Wahlperioden (von 1919 sowie von 1924–1925) verglichen. Letztere haben bereits im Jahre 1927 den Gegenstand einer Veröffentlichung des städtischen Statistischen Amtes von Strassburg gebildet, betitelt :

« Die Wahlen von 1919 bis 1927 in Strassburg ».
Die Haupttitel sind :

I. *Statistik der Wahlen vom November und Dezember* 1919 :
  a) Kammerwahlen vom 16. November 1919.
  b) Generalratswahlen vom 14. Dezember 1919.
  c) Gemeinderatswahlen vom 30. November 1919.
  Wahl des Maire und der Beigeordneten vom 10. Dezember 1919.
  Wahl der Delegierten und ihrer Stellvertreter für die Senatswahl (10. Dezember 1919).
  d) Senatswahlen vom 11. Januar 1920 in den 3 wiedergefundenen Provinzen.

II. *Generalratswahlen vom Mai* 1922 *in den Kantonen Nord und Sud.*

III. *Kammerwahlen vom* 11. *Mai* 1924.

IV. *Gemeinderatswahlen vom* 3. *und* 10. *Mai* 1925.

V. *Generalratswahlen in den Kantonen Ost und West* (19. *u.* 26. *Juli* 1925).

VI. *Kreisratswahlen*
in den Kantonen Nord und Süd am 19. u. 26. Juli 1925,
in den Kantonen Ost und West am 2. und 9. August 1925.

VII. *Gewerbe- u. Kaufmannsgerichtswahlen der Monate Dezember* 1920 *und* 1926 *in Strassburg.*

VIII. *Senatswahlen vom* 9. *Januar* 1927.

Das gegenwärtige Buch ist die Fortsetzung dieses Werkes von 1927. Das zahlreiche und übersichtlich geordnete Tabellenwerk wird durch statistische Analysen und graphische Darstellungen vorteilhaft ergänzt.

Strasbourg, août 1929.

Office municipal de Statistique.

La partie supér. de la tour est munie d'un échafaudage pour les travaux de restauration de la flèche. - Die Münsterspitze ist mit einem Gerüst zur Erneuerung der oberen Teile der Krone und der Spitze versehen.

La cathédrale
Das Münster
(en 1929)

Hôtel de ville de Strasbourg. (Place Broglie). Etat à la fin de 1929.
Strassburger Stadthaus (Broglieplatz) — Stand Ende 1929.
(Construit par Massol en 1736. — Erbaut von Massol im Jahre 1736).

I. — LES ÉLECTIONS LÉGISLATIVES DES 22 ET 29 AVRIL 1928.

I. — Die Kammerwahlen vom 22. und 29. April 1928.

1° Observations préliminaires.

La ville est sectionnée pour les élections législatives, municipales et cantonales en 4 sections électorales ou cantons. La population de ces cantons varie entre 15,8 p. cent du total (canton Sud) et 32,6 p. c. (canton Nord), les deux cantons Est et Ouest ayant à peu près le même chiffre d'habitants (25 p. cent du total). Les cantons Nord et Sud, d'une part, et Est et Ouest, d'autre part, renferment à peu près 50 p. cent de la population de la ville. Le canton Sud touche au canton Nord par la Grand'rue, la place Gutenberg et la rue des Hallebardes et comprend, outre le Neuhof-Stockfeld, la partie de la ville intra muros jusqu'au canal de jonction de l'Ill au Port d'Austerlitz, au sud de l'Hôpital civil.

La loi du 21 juillet 1927 (*Journal Officiel* du 22 juillet 1927, page 7.547) portant rétablissement du scrutin uninominal pour l'élection des députés a prévu (voir tableau des circonscriptions électorales de ce *Journal Officiel*, page 7.569) pour la ville de Strasbourg deux circonscriptions :

1. Vorbemerkungen.

Die Stadt ist für die Kammer-, Gemeinderats- und Kantonalwahlen in 4 Wahlsektionen oder Kantone eingeteilt. Die Bevölkerung dieser Kantone wechselt zwischen 15,8 Prozent der Gesamteinwohnerschaft (im Kanton Süd) und 32,6 Prozent (im Kanton Nord). Die beiden Kantone Ost und West haben ungefähr dieselbe Einwohnerziffer (je 25 Prozent der Gesamtzahl). Die Kantone Nord und Süd einerseits und die Kantone Ost und West anderseits enthalten je etwa 50 Prozent der Bevölkerung der Stadt. Der Kanton Süd berührt den Kanton Nord in der Langstrasse, dem Gutenbergplatz und der Spiessgasse und umfasst, neben Neuhof-Stockfeld, den Teil der Innenstadt bis zum Verbindungskanal zwischen Ill und Metzgertorhafen, südlich des Bürgerspitals.

Das Gesetz vom 21. Juli 1927 (*Journal Officiel* vom 22. Juli 1927, Seite 7.547) über die Wiedereinführung der einnamigen oder Kreiswahl für die Wahl zur Abgeordnetenkammer hat für Strassburg-Stadt zwei Wahlbezirke vorgesehen (s. Anlage zum Gesetz, betreffend die Wahlbezirke in diesem *Journal Officiel*, Seite 7.569) :

1re circonscription de Strasbourg-Ville.
1. Wahlbezirk von Strassburg-Stadt.

Population totale d'après le dénombrement de 1926.

Strasbourg (Nord)	56 939 habitants	103 147, soit 59,1 p. cent du total
Strasbourg (Est)	46 208 »	

dont 26 361 électeurs inscrits (en 1929),

2e circonscription de Strasbourg-Ville.
2. Wahlbezirk von Strassburg-Stadt.

Strasbourg (Sud)...........	27 587 habitants	71 345, soit 40,9 p. cent du total
Strasbourg (Ouest)	43 758 »	

dont 18 536 électeurs inscrits (en 1929).

La ville de Strasbourg (174 492 habitants) est donc représentée pendant la 14e législature, dont les élections ont eu lieu en avril 1928, par deux députés. Elle est divisée ainsi en 2 circonscriptions inégales : la première (Nord et Est) comprend 59,1 p. cent, la deuxième (Sud et Ouest) compte 40,9 p. cent des habitants.

Die Stadt Strassburg (174 492 Einwohner) ist also während der 14. Legislaturperiode, deren Wahlen im April 1928 stattgefunden haben, durch zwei Abgeordnete in der Kammer vertreten. Sie ist auf obige Weise in zwei ungleiche Wahlbezirke geteilt worden : der erste (Nord und Ost) umfasst 59,1 Prozent der Einwohner, der zweite (Süd und West) zählt 40,9 Prozent der Einwohner.

Aux élections législatives du 11 mai 1924 (scrutin de liste départementale avec 9 députés à élire), la répartition des suffrages exprimés suivant les partis politiques a été la suivante:

Bei den Kammerwahlen vom 11. Mai 1924 (Listenwahl: 9 Abgeordnete waren zu wählen) verteilten sich die gültigen Stimmen wie folgt auf die politischen Parteien:

Circonscription électorale ou canton Wahlbezirk		Suffrages recueillis en pour cent du total par la liste du Es entfielen auf die Liste des				
		Parti socialiste S. F. I. O.	Bloc républicain national	Parti communiste	Parti radical	Comité républicain national
1re circonscription 1. Wahlbezirk	Nord	31,4	31,7	10,8	13,5	12,6
	Est........	31,6	29,2	21,5	11,0	6,7
Moyenne .... Mittel		**31,5**	**30,4**	**16,2**	**12,3**	**9,6**
2e circonscription 2. Wahlbezirk	Ouest......	34,0	25,8	27,3	8,6	4,3
	Sud	35,2	27,7	21,1	9,8	6,2
Moyenne .... Mittel		**34,6**	**26,7**	**24,2**	**9,2**	**5,3**
Totaux de toute la ville .... Gesamtstadt		32,7	28,9	19,6	11,0	7,8

La population d'après les 4 cantons de la ville en général (dénombrement de 1926).
Die Bevölkerung nach den 4 Kantonen der Stadt im allgemeinen (Volkszählung von 1926).

	Cantons				Total Gesamt-stadt
	Nord	Sud	Est Ost	Ouest West	
	Habitants — Einwohner				
Ville intra muros .... Innenstadt	46 042	19 562	19 876	25 119	110 599
Ville extra muros .... Vororte	10 897	8 025	26 332	18 639	63 893
Total	56 939	27 587	46 208	43 758	174 492
en pour cent du total........... in Prozent der Gesamteinwohner	32,6	15,8	26,5	25,1	100,0
	48,4		51,6		

La population résidante d'après les 4 cantons de la ville et la nationalité.
Die Wohnbevölkerung nach Kantonen und Nationalität.

	Nord	Sud	Est Ost	Ouest West	Total Gesamtstadt
Français .... Franzosen	52 048	24 962	41 655	40 725	159 390
Etrangers .... Ausländer	4 891	2 625	4 553	3 033	15 102
Total	**56 939**	**27 587**	**46 208**	**43 758**	**174 492**
Pourcentage des étrangers .... Prozentsatz der Ausländer	8,6	9,5	9,8	6,9	8,6

La population résidante détaillée d'après les 4 cantons.
Die Wohnbevölkerung (Einzelergebnisse) nach den 4 Kantonen.

	Canton	Population résidante — Wohnbevölkerung								Augmentation Zunahme + / Diminution Abnahme —
		7 mars 1926				6 mars 1921				
		masculine männlich	féminine weiblich	total	dont des militaires darunter Militär	masculine männlich	féminine weiblich	total	dont des militaires darunter Militär	
Ville	Nord	21 537	24 505	46 042	3 069	20 279	22 460	42 748	3 688	+3 294
	Est (Ost)	10 653	9 223	19 876	2 037	10 767	8 922	19 689	2 823	+ 187
intra muros	Sud	8 755	10 807	19 562	257	8 338	10 393	18 731	124	+ 831
Innenstadt	Ouest (West)	11 763	13 356	25 119	212	11 981	12 904	24 885	1 052	+ 234
	Total	52 708	57 891	110 599	5 575	51 365	54 688	106 053	7 687	+4 546
Ville	Nord	5 330	5 567	10 897	10	4 910	5 315	10 225	2	+ 672
	Est (Ost)	12 840	13 492	26 332	47	11 849	12 875	24 724	37	+1 608
extra muros	Sud	4 535	3 490	8 025	1 455	4 576	3 142	7 718	1 659	+ 307
Vororte	Ouest (West)	9 051	9 588	18 639	17	8 972	9 075	18 047	296	+ 592
	Total	31 756	32 137	63 893	1 529	30 307	30 407	60 714	1 994	+3 179

Récapitulation. — Zusammenstellung.

Ville intra muros Innenstadt	52 708	57 891	110 599	5 575	51 365	54 688	106 053	7 687	+4 546
Ville extra muros Vororte	31 756	32 137	63 893	1 529	30 307	30 407	60 714	1 994	+3 179
Ville entière .... Gesamtstadt	84 464	90 028	174 492	7 104	81 672	85 095	166 767	9 681	+7 725

Le nombre des électeurs inscrits à Strasbourg depuis 1919.
Die Zahl der eingeschriebenen Wähler in Strassburg seit 1919.

Total des électeurs inscrits Gesamtzahl der eingeschriebenen Wähler		Chiffre indice de l'augmentation Zunahmeindex
1919	30.269	100
1920	29.604	97,8
1921	31.664	104,6
1922	36.107	119,3
1923	37.314	123,3
1924	39.887	131,8
1925	40.185	132,8
1926	40.557	134,0
1927	41.361	136,6
1928	43.401	143,4
1929	44.897	148,3

On constate en 1929 une augmentation de près de 50 p. cent contre l'année 1919.

Gegenüber dem Jahre 1919 stellt man somit 1929 eine Zunahme von fast 50 Prozent fest.

Les électeurs inscrits par sections électorales ou cantons:
Die eingeschriebenen Wähler nach Sektionen oder Kantonen:

Canton ou section	1924	en %	1925	en %	1926	en %	1927	en %	1928	en %	1929	en %
Nord	12.575	31,52	12.404	30,87	12.688	31,28	12.930	31,26	13.635	31,42	14.054	31,30
Sud	5.943	14,90	5.861	14,58	5.835	14,39	5.963	14,42	6.244	14,39	6.387	14,23
Est (Ost)	10.720	26,88	10.661	26,53	10.753	26,51	11.016	26,63	11.637	26,81	12.307	27,41
Ouest(West)	10.649	26,70	11.259	28,02	11.281	27,82	11.452	27,69	11.885	27,38	12.149	27,06
Total	39.887	= 100	40.185	= 100	40.557	= 100	41.361	= 100	43.401	= 100	44.897	= 100

2° Les différents bureaux de vote de Strasbourg pour les élections de 1928 et de 1929.

2. Beschreibung der Stimmbezirke von Strassburg.

1er Bureau de vote :
Hôtel de Ville,
9, rue Brûlée ; Salle précédant la salle des mariages au rez-de-chaussée.

1. Wahllokal :
Rathaus,
Brandgasse 9, Vorsaal zum Trauungssaal im Erdgeschoss.

2e Bureau de vote :
École de la Cathédrale,
salle de l'école maternelle, entrée rue Rohan.

2. Wahllokal :
Münsterschule,
Kleinkindersaal, Eingang Schlossgasse.

3e Bureau de vote : **Lycée de jeunes filles,** 1, rue des Pontonniers, salle de gymnastique.	**3. Wahllokal :** **Städt. Höhere Mädchenschule,** Pioniergasse 1, Turnhalle.
4e Bureau de vote : **Lycée Kléber (Palais).** 30, rue du Maréchal-Foch, salle de gymnastique, entrée par la cour.	**4. Wahllokal:** **Oberrealschule,** 30, rue du Maréchal-Foch, Turnhalle, Eingang durch den Hof.
5e Bureau de vote: **École de travail israélite du Bas-Rhin** 14, rue Sellénick, salle à droite de la cour.	**5. Wahllokal:** **Israelitische Gewerbeschule,** 14, rue Sellénick, Saal rechts im Hof.
6e Bureau de vote: **Bâtiment des ateliers de la Chambre des métiers,** 4, rue Baldung-Grien, salle nº 9.	**6. Wahllokal:** **Werkstättenbau der Handwerkskammer,** Baldungstrasse 4, Saal Nr. 9.
7e Bureau de vote: **École Pigier,** 6, avenue d'Alsace, salle d'école, au rez-de-chaussée à droite.	**7. Wahllokal:** **Ecole Pigier,** Elsässerstrasse 6, Schulsaal, parterre, rechts.
8e Bureau de vote: **Bâtiment principal de l'Université,** salle de séance nº 11.	**8. Wahllokal:** **Universitäts-Hauptkollegiengebäude,** Sitzungssaal Nr. 11.
9e Bureau de vote: **École technique,** rue Schoch, salle nº 57, au rez-de-chaussée, entrée à gauche.	**9. Wahllokal:** **Technische Schule,** Schochstrasse, Saal Nr. 57, parterre, Eingang links.
10e Bureau de vote: **Bâtiment principal de l'Université,** petite salle de l'Aula au 1er étage.	**10. Wahllokal:** **Universitäts-Hauptkollegiengebäude,** kleiner Saal der Aula, 1. Stock.
11e Bureau de vote: **École de l'Académie,** salle nº 1, entrée rue de l'Académie (aile gauche).	**11. Wahllokal:** **Akademieschule,** Saal Nr. 1, Eingang Akademiestrasse (linker Flügel).
12e Bureau de vote: **École Saint-Guillaume,** salle de l'école maternelle, entrée rue de la Krutenau.	**12. Wahllokal:** **St.-Wilhelmerschule,** Kleinkindersaal, Eingang Krutenaustrasse.
13e Bureau de vote: **École moyenne,** 3, place Sainte-Madeleine, salle de l'école maternelle, au rez-de-chaussée	**13. Wahllokal:** **Städtische Mittelschule,** Sankt Magdalenenplatz 3, Kleinkindersaal im Erdgeschoss.

14e Bureau de vote:	**14. Wahllokal:**
École du Dragon,	**Drachenschule,**
salle de coupe, rez-de-chaussée, entrée rue du Dragon	Zuschneidesaal, Erdgeschoss, Eingang Drachengasse.
15e Bureau de vote:	**15. Wahllokal:**
École Saint-Louis,	**St. Ludwigsschule,**
9, quai Finkwiller, salle de l'école maternelle, au rez-de-chaussée, entrée I.	Finkweilerstaden Nr. 9, Kleinkindersaal im Erdgeschoss, Eingang I.
16e Bureau de vote:	**16. Wahllokal:**
Cercle catholique des jeunes gens Saint-Aloyse,	**Kath. Jünglingsverein « Aloysia »**
9, rue du Hohwald, salle de l'école maternelle.	Hohwaldstrasse 9, Kleinkindersaal.
17e Bureau de vote:	**17. Wahllokal:**
École Sainte-Aurélie,	**St. Aurelienschule,**
baraque de la cour, entrée 5, place Sainte-Aurélie.	Schulbaracke im Hof, Eingang Sankt Aurelienplatz 5.
18e Bureau de vote:	**18. Wahllokal:**
École Saint-Thomas.	**St. Thomasschule,**
salle de gymnastique à droite, entrée rue de la Monnaie.	Turnhalle rechts, Eingang Münzgasse.
19e Bureau de vote:	**19. Wahllokal:**
École Saint-Thomas,	**St. Thomasschule,**
salle de l'école maternelle, n° 1, à gauche, entrée rue de la Monnaie.	Kleinkindersaal Nr. 1, links, Eingang Münzgasse.
20e Bureau de vote:	**20. Wahllokal:**
Grande salle de l'Aubette,	**Grosser Aubettesaal,**
entrée place Kléber.	Eingang Kleberplatz.
21e Bureau de vote:	**21. Wahllokal:**
Lycée Kléber (Saint-Jean),	**Oberrealschule bei St. Johann,**
Salle de chant n° 28, entrée quai St-Jean.	Saal Nr. 28, Singsaal, Eingang St. Johannesstaden.
22e Bureau de vote:	**22. Wahllokal:**
École Sainte-Aurélie,	**St. Aurelienschule,**
salle des garçons au rez-de-chaussée, rue Ste-Aurélie, entrée par la cour.	Knabensaal im Erdgeschoss, St. Aureliengasse, Eingang durch den Hof.
23e Bureau de vote:	**23. Wahllokal:**
École primaire Saint-Jean,	**Volksschule St. Johann,**
salle de l'école maternelle, entrée rue Kageneck.	Kleinkindersaal, Eingang Kageneckerstrasse.
24e Bureau de vote:	**24. Wahllokal:**
École primaire Saint-Jean,	**Volksschule St. Johann,**
salle d'école n° 5, entrée rue Kuhn.	Schulsaal Nr. 5, Eingang Kuhngasse.

25e Bureau de vote:
École Schœpflin,
6, quai Schœpflin, salle de l'école maternelle nº 8, entrée B.

25. Wahllokal:
Schœpflinschule,
Schöpflinstaden 6, Kleinkindersaal Nr. 8, Eingang B.

26e Bureau de vote:
École primaire,
rue Bœcklin, salle de l'école maternelle à droite, entrée latérale.

26. Wahllokal:
Elementarschule,
Böcklinstrasse, Kleinkindersaal rechts, Seiteneingang.

27e Bureau de vote:
École primaire,
rue Bœcklin, salle de l'école maternelle à gauche, entrée latérale.

27. Wahllokal:
Elementarschule,
Böcklinstrasse, Kleinkindersaal links, Seiteneingang.

28e Bureau de vote:
Bâtiment du Restaurant sur le terrain d'Exposition au Wacken.

28. Wahllokal:
Restaurationsgebäude auf dem Ausstellungsgebäude Wacken.

29e Bureau de vote:
École de la Ziegelau,
1, rue de la Ziegelau, salle de l'école maternelle, dans le bâtiment du milieu.

29. Wahllokal:
Ziegelauschule,
Ziegelaustrasse 1, Kleinkindersaal im Mittelgebäude.

30e Bureau de vote:
École de la Ziegelau,
1, rue de la Ziegelau, salle nº 20 dans l'aile de l'école des filles.

30. Wahllokal:
Ziegelauschule,
Ziegelaustrasse 1, Saal 20 im Mädchenflügel.

31e Bureau de vote:
Nouvelle École de la Musau,
70, rue St-Aloyse, salle de l'école maternelle nº 1.

31. Wahllokal:
Neue Musauschule,
Aloysiusstrasse 70, Kleinkindersaal Nr. 1.

32e Bureau de vote:
École du Schluthfeld,
62, rue de St-Dié, salle de l'école maternelle à gauche.

32. Wahllokal:
Schluthfeldschule,
Schluthfeldstrasse 62, Kleinkindersaal, links.

33e Bureau de vote:
Baraque d'école à la Hohwart,

33. Wahllokal:
Schulbaracke Hohwart,

34e Bureau de vote:
École du Neufeld,
rue du Neufeld, salle de l'école maternelle nº 3.

34. Wahllokal:
Neufeldschule,
Neufeldstrasse, Kleinkindersaal Nr. 3.

35e Bureau de vote:
École B du Neuhof,
34, route d'Altenheim, salle de l'école maternelle.

35. Wahllokal:
Schule B, Neuhof,
Altenheimerstrasse 34, Kleinkindersaal.

36e Bureau de vote:
Ancienne école protestante de Kœnigshoffen,
61, route des Romains, salle de l'école maternelle à droite.

36. Wahllokal:
Alte evangel. Schule, Kœnigshofen,
Römerstrasse 61, Kleinkindersaal rechts.

37e Bureau de vote:
Nouvelle école, Kœnigshoffen,
derrière l'église catholique de Kœnigshoffen, salle de gymnastique.

37. Wahllokal:
Kœnigshofen, Neue Schule,
Hinter der kath. Kirche, Turnhalle.

38e Bureau de vote:
Ancienne école catholique de Cronenbourg.
rue Neuve, salle de l'école maternelle no 6, au rez-de-chaussée.

38. Wahllokal:
Kronenburg, Alte kath. Schule,
Neugasse, Kleinkindersaal Nr. 6, im Erdgeschoss.

39e Bureau de vote:
École protestante de garçons de Cronenbourg,
93, route de Mittelhausbergen, salle de l'école maternelle, au rez-de-chaussée.

39. Wahllokal:
Kronenburg, protest. Knabenschule,
Mittelhausbergerstrasse 93, Kleinkindersaal im Erdgeschoss.

40e Bureau de vote:
École du Gliesberg,
salle de l'école maternelle.

40. Wahllokal:
Gliesbergsshule.
Kleinkindersaal.

Le décret du 26 mars 1928 (Journ. Off. du 27 mars 1928, page 3.481) a convoqué les collèges électoraux des circonscriptions législatives pour le dimanche 22 avril 1928 à l'effet d'élire chacun un député. Aux termes de ce décret, « entreront seuls en compte les bulletins des candidats qui se seront conformés aux dispositions de la loi du 17 juillet 1889 et dont la liste nominative complète sera transmise par le préfet aux maires des communes composant la circonscription deux jours au moins avant le scrutin ». « Le recensement général des votes de chaque circonscription électorale sera fait au chef-lieu du département en séance publique par une commission composée conformément aux dispositions des art. 5 de la loi du 21 juillet 1927 et 6 de la loi du 31 mars 1914. Le second tour de scrutin, s'il est nécessaire d'y procéder, aura lieu le dimanche qui suivra le jour de la proclamation du résultat du premier scrutin.

Das Dekret vom 26. März 1928 (veröffentlicht im Journ. Off. vom 27. März 1928, Seite 3 481) hat die Kammerwahlen auf Sonntag, den 22. April 1928 festgesetzt und die Wählerschaft aufgefordert, für jeden Wahlbezirk einen Abgeordneten zu wählen.

In diesem Dekret wurde auch bestimmt, dass nur die Stimmzettel derjenigen Kandidaten Gültigkeit haben, die gemäss den Ausführungsbestimmungen des Gesetzes vom 17. Juli 1889 offiziell bei der Präfektur angemeldet wurden und durch den Präfekten an die Bürgermeisterämter der verschiedenen Wahlbezirke wenigstens zwei Tage vor der Wahl mitgeteilt waren.

Die Wahlergebnisse der einzelnen Wahlbezirke werden in öffentlicher Sitzung im Hauptort des Bezirks durch eine nach den Ausführungsbestimmungen des Art. 5 des Gesetzes vom 21. Juli 1927 und Art. 6 des Gesetzes vom 31. März 1914 zusammengesetzte Kommission festgestellt. Ist ein zweiter Wahlgang nötig, so hat derselbe am Sonntag, der auf den Tag der Veröffentlichung der Wahlergebnisse des 1. Wahlgangs folgt, stattzufinden.

3° Premier tour de scrutin. — 1. Wahlgang.

22-4-1928.

Les résultats détaillés dans les différents bureaux de vote.

(Voir les tableaux suivants)

Elections à la Chambre des députés de 1928. — Kammerwahlen 1928.

Ier tour de scrutin du 22 avril 1928. — 1. Wahlgang vom 22. April 1928.

Résultats de la **1re Circonscription** comprenant les cantons Nord et Est.

Wahlergebnisse des 1. Wahlbezirkes mit den Kantonen Nord und Ost.

Bureau de vote n° / Stimmlokal Nr.	Quartier / Stadtviertel	Electeurs inscrits / Eingeschriebene Wähler	Nombre des votants / Wahlbeteiligung		Bulletins valables / Gültige Stimmzettel	Suffrages recueillis par les candidats / Es entfielen auf den Kandidaten									
						Ch. Staehling, Union nationale républicaine		J. Peirotes, socialiste (S.F.I.O.)		E. Haas, communiste		F. Oesinger, radical		P. Schall, Parti als. indép. (autonomiste)	
			chiffre absolu	en % des élect. inscrits		chiffre absolu	en % des bullet. valables	chiffre absolu	en % des bullet. valables	chiffre absolu	en % des bullet. valables	chiffre absolu	en % des bullet. valables	chiffre absolu	en % des bullet. valables
1	Hôtel de Ville........	694	532	76,66	512	153	29,88	160	31,25	104	20,31	10	1,96	85	16,60
3	Lycée des jeunes filles .	990	783	79,09	765	261	34,12	214	27,97	118	15,43	31	4,05	141	18,43
4	Lycée Kléber (Palais) .	1 125	900	80,00	875	305	34,86	304	34,74	72	8,23	28	3,20	166	18,97
5	Ecole de travail israélite	1 049	799	76,17	787	294	37,36	230	29,22	59	7,50	40	5,08	164	20,84
6	Bâtiment des ateliers de la chambre de métiers	1 087	850	78,20	835	351	42,03	259	31,02	40	4,79	55	6,59	130	15,57
7	Ecole Pigier..........	690	518	75,07	510	203	39,80	138	27,06	40	7,84	24	4,71	105	20,59
8	Bât. ppl. de l'Université	1 309	1 035	79,07	1 018	505	49,61	255	25,05	54	5,30	54	5,30	150	14,74
9	Ecole technique	1 775	1 411	79,49	1 382	367	26,56	469	33,94	212	15,34	36	2,60	298	21,56
10	Bât. ppl. de l'Université*	1 268	1 003	79,10	986	394	39,96	268	27,18	58	5,88	46	4,67	219	22,21
11	Ecole de l'Académie ...	1 174	912	77,68	885	127	14,35	306	34,58	284	32,09	25	2,82	143	16,16
12	Ecole St-Guillaume ...	1 008	806	79,96	784	137	17,47	210	26,79	266	33,93	18	2,30	153	19,51
13	Ecole moyenne Ste-Mad.*	1 237	955	77,20	928	241	25,95	305	32,84	192	20,67	20	2,16	171	18,41
20	Grande salle de l'Aubette	654	493	75,38	481	143	29,73	162	33,68	75	15,59	22	4,57	79	16,43
25	Ecole Schœpflin	712	568	79,78	551	183	33,21	184	33,39	65	11,80	27	4,90	92	16,70
26	Ecole prim., rue Bœcklin	1 471	1 212	82,39	1 189	358	30,11	417	35,07	196	16,49	25	2,10	193	16,23
27	Ecole prim., rue Bœcklin	1 481	1 245	84,06	1 215	254	20,90	506	41,64	267	21,98	25	2,06	163	13,42
28	Tivoli	303	241	79,54	234	86	36,75	72	30,77	17	7,26	8	3,42	51	21,80
29	Ecole de la Ziegelau...	1 261	1 044	82,79	1 022	176	17,22	285	27,89	348	34,05	17	1,66	196	19,18
30	Ecole de la Ziegelau...	1 258	1 018	80,92	1 004	178	17,73	341	33,96	302	30,08	12	1,20	171	17,03
31	Nouv. école de la Musau	1 413	1 109	78,49	1 089	184	16,90	335	30,76	351	32,23	24	2,20	195	17,91
32	Ecole du Schluthfeld...	1 376	1 101	80,01	1 078	197	18,27	368	34,14	269	24,95	21	1,95	223	20,69
33	Baraque d'école à la Hohwarth...........	383	292	76,24	286	65	22,73	104	36,36	44	15,38	8	2,80	65	22,73
34	Ecole du Neufeld	1 514	1 264	83,49	1 234	275	22,29	401	32,49	251	20,34	26	2,11	281	22,77
	Total	25 232	20 091	79,62	19 650	5 437	27,67	6 293	32,02	3 684	18,75	602	3,06	3 634	18,50

Les chiffres indiqués ci-dessus sont ceux qui ont été proclamés par les présidents des bureaux de vote.
* Dans le bureau de vote n° 10 (Bât. ppl. de l'Université) le nombre des suffrages recueillis par les candidats est inférieur à celui des bulletins valables.
Dans le bureau de vote n° 13 (Ecole moyenne Ste-Madeleine) le nombre des bulletins valables est légèrement supérieur à celui des votants.

Die oben angegebenen Zahlen wurden durch die Wahlvorstände der einzelnen Wahllokale veröffentlicht.
* Im Wahlbureau N° 10 (Universität) ist die Zahl der gültigen Stimmen höher als diejenigen der zusammen auf die einzelnen Kandidaten entfallenden,
Im Wahlbureau N° 13 (Mittelschule Ste-Madeleine) ist die Zahl der gültigen Stimmen höher als die der Wähler.

Elections à la Chambre des députés de 1928. — Kammerwahlen 1928.

Ier tour de scrutin du 22 avril 1928. — I. Wahlgang vom 22. April 1928.

Résultats de la 2e **Circonscription** comprenant les cantons Ouest et Sud.

Wahlergebnisse des 2. Wahlbezirks mit den Kantonen West und Süd.

Bureau de vote nº Stimmlokal Nr.	Quartier Stadtviertel	Electeurs inscrits Eingeschriebene Wähler	Nombre des votants Wahlbeteiligung		Bulletins valables Gültige Stimmzettel	Suffrages recueillis par les candidats Es entfielen auf den Kandidaten											
						R. Garcin Union nat. républ.		G. Weill socialiste (S. F. I. O.)		Dr. Hugel rép. de gauche		J. P. Mourer communiste		Ch. Baumann indép.		Phil. Trebus radical	
			chiffre absolu	en % des élect. inscrits		chiffre absolu	en % des bullet. valabl.	chiffre absolu	en % des bullet. valabl.	chiffre absolu	en % des bullet. valabl.	chiffre absolu	en % des bullet. valabl.	chiffre absolu	en % des bullet. valabl.	chiffre absolu	en % des bullet. valabl.
2	Ecole de la Cathédrale	609	465	69,51	451	134	29,71	149	33,04	18	3,99	135	29,93	5	1,11	10	2,22
14	Ecole du Dragon	1 087	857	78,84	825	182	22,06	355	43,03	39	4,73	237	28,73	...	—	12	1,45
15	Ecole St-Louis	1 059	837	79,04	815	208	25,52	293	35,95	34	4,17	262	32,15	5	0,61	13	1,60
16	Cercle cath. des jeunes gens St-Aloyse	1 149	916	79,72	888	204	22,97	326	36,71	30	3,38	307	34,57	2	0,23	19	2,14
17	Ecole Ste-Aurélie	1 238	959	77,46	936	187	19,98	348	37,18	47	5,02	330	35,25	1	0,11	23	2,46
18	Ecole St-Thomas	951	715	75,19	684	119	17,40	230	33,63	40	5,85	275	40,20		0,29	18	2,63
19	Ecole St-Thomas	973	759	78,01	721	148	20,53	251	34,81	28	3,88	274	38,00	3	0,42	17	2,36
21	Lycée Kléber (St-Jean)	656	493	75,16	486	111	22,84	193	39,71	22	4,53	142	29,22	2	0,41	16	3,29
22	Ecole Ste-Aurélie	949	744	78,40	732	228	31,15	226	30,87	35	4,78	224	30,60	3	0,41	16	2,19
23	Ecole primaire St-Jean	1 002	770	76,85	754	206	27,32	263	34,88	44	5,84	217	28,78	3	0,40	21	2,78
24	Halle du marché au quai Kléber*	1 428	1 074	75,21	1 039	327	31,35	375	35,95	48	4,60	257	24,64	7	0,68	29	2,78
35	Ecole B du Neuhof	1 485	1 202	80,95	1 176	286	24,32	412	35,03	58	4,93	387	32,91	—	—	33	2,81
36	Anc. école B de Kœnigshoffen	688	531	77,19	527	162	30,74	187	35,48	26	4,93	140	26,57	4	0,76	8	1,52
37	Nouv. école de Kœnigshoffen	1 137	912	80,21	896	216	24,11	323	36,05	37	4,13	301	33,59	8	0,89	11	1,23
38	Anc. école cath. de Cronenbourg	1 156	923	79.84	907	228	25,14	301	33,19	25	2,76	333	36,71	2	0,22	18	1,98
39	Ecole prot. de garçons de Cronenbourg	1 252	1 013	80,91	988	274	27,73	287	29,05	34	3,44	362	36,64	2	0,20	29	2,94
40	Ecole du Gliesberg	1 212	961	79,29	937	204	21,77	322	34,37	37	3,95	347	37,03	6	0,64	21	2,24
	Total	18 091	14 131	78,11	13 762	3 424	24,87	4 841	35,17	602	4,37	4 530	32,91	55	0,40	314	2,28

Les chiffres indiqués ci-dessus sont ceux qui ont été proclamés par les présidents des bureaux de vote.
* Dans le bureau de vote Nº 24 (Halle du marché au quai Kléber) le nombre des bulletins valables est légèrement supérieur à celui des votants.

Die oben angeführten Zahlen wurden durch die Wahlvorsteher der einzelnen Wahllokale bekanntgegeben.
* Im Wahllokal Nr. 24 (Markthalle Alter Bahnhof) ist die Zahl der gültigen Stimmen höher als diejenige der Wähler.

Elections à la Chambre des députés de 1928. — Kammerwahlen 1928.

1er tour de scrutin du 22 avril 1928. — 1. Wahlgang vom 22. April 1928.

Résultats d'après les cantons de la Ire Circonscription. — Wahlergebnisse in den einzelnen Kantonen des I. Wahlbezirks.

Canton	Bureau de vote No Stimmlokal Nr.	Quartier Stadtviertel	Electeurs inscrits Eingeschriebene Wähler	Nombre des votants Wahlbeteiligung		Bulletins Stimmzettel		Suffrages recueillis par les candidats Es entfielen auf den Kandidaten										
								J. Peirotes socialiste (S.F.I.O.)		**Ch. Staehling** Union nationale républicaine		**E. Haas** communiste		**F. Oesinger** radical		**P. Schall** Parti als. indép. (autonomiste)		
				chiffre absolu	en % des élect. inscrits	valables gültig	non valables ungültig	chiffre absolu	en % des bullet. valables	chiffre absolu	en % des bullet. valables	chiffre absolu	en % des bullet. valables	chiffre absolu	en % des bullet. valables	chiffre absolu	en % des bullet. valables	
	1	Hôtel de Ville	694	532	76,66	512	20	160	31,85	153	29,88	104	20,31	10	1,96	85	16,60	
	4	Lycée Kléber (Palais) .	1 125	900	80,00	875	25	304	34,74	305	34,86	72	8,23	28	3,20	166	18,97	
	5	Ecole de travail israélite	1 049	799	76,17	787	12	230	29,22	294	37,36	59	7,50	40	5,08	164	20,84	
	6	Bâtiment des ateliers...	1 087	850	78,20	835	15	259	31,02	351	42,03	40	4,79	55	6,50	130	15,57	
	7	Ecole Pigier...........	690	518	75,07	510	8	138	27,06	203	39,80	40	7,84	24	4,71	105	20,59	
	8	Bâtiment ppl. de l'Univ.	1 309	1 035	79,07	1 018	17	255	25,05	505	49,61	54	5,30	54	5,30	150	14,74	
	9	Ecole technique	1 775	1 411	79,49	1 382	29	469	33,94	367	26,56	212	15,34	36	2,60	298	21,56	
	10	Bât. ppl. de l'Université*	1 268	1 003	79,10	986	17	268	27,21	394	40,00	58	5,88	46	4,67	219	22,24	
	20	Grande salle de l'Aubette	654	493	75,38	481	12	162	33,68	143	29,73	75	15,59	22	4,57	79	16,43	
	25	Ecole Schœpflin	712	568	79,78	551	17	184	33,39	183	33,21	65	11,80	27	4,90	92	16,70	
	26	Ecole prim., rue Bœcklin	1 471	1 212	82,39	1 189	23	417	35,07	358	30,11	196	16,49	25	2,10	193	16,23	
	27	Ecole prim., rue Bœcklin	1 481	1 245	84,06	1 215	30	506	41,64	254	20,90	267	21,98	25	2,06	163	13,42	
	28	Tivoli	303	241	79,54	234	7	72	30,77	86	36,75	17	7,26	8	3,42	51	21,80	
Nord			13 618	10 807	79,36	10 575	232	3 424	32,38	3 596	34,01	1 259	11,91	400	3,78	1 895	17,92	10 574 = 100
	3	Lycée des jeunes filles..	990	783	79,09	765	18	214	27,97	261	34,12	118	15,43	31	4,05	141	18,43	
	11	Ecole de l'Académie ..	1 174	912	77,68	885	27	306	34,58	127	14,35	284	32,09	25	2,82	143	16,16	
	12	Ecole St-Guillaume ...	1 008	806	79,96	784	22	210	26,79	137	17,47	266	33,93	18	2,30	153	19,51	
	13	Ecole moyenne Ste-Mad.*	1 237	955	77,20	928	27	305	32,83	241	25,94	192	20,66	20	2,16	171	18,41	
	29	Ecole de la Ziegelau...	1 261	1 044	82,79	1 022	22	285	27,89	176	17,22	348	34,05	17	1,66	196	19,18	
	30	Ecole de la Ziegelau...	1 258	1 018	80,92	1 004	14	341	33,96	178	17,73	302	30,08	12	1,20	171	17,03	
	31	Nouv. école de la Musau	1 413	1 109	78,49	1 089	20	335	30,76	184	16,90	351	32,23	24	2,20	195	17,91	
	32	Ecole du Schluthfeld...	1 376	1 101	80,01	1 078	23	368	34,14	197	18,27	269	24,95	21	1,95	223	20,69	
	33	Baraque d'école à la Hohwarth...........	383	292	76,24	286	6	104	36,36	65	22,73	44	15,38	8	2,80	65	22,73	
	34	Ecole du Neufeld	1 514	1 264	83,49	1 234	30	401	32,49	275	22,29	251	20,34	26	2,11	281	22,77	
Est			11 614	9 284	79,94	9 075	209	2 869	31,61	1 841	20,28	2 425	26,72	202	2,23	1 739	19,16	9 076 = 100
Total 1re circonscription .... Zusammen 1. Wahlbezirk :			25 232	20 091	79,62	19 650	441	6 293	32,02	5 437	27,67	3 684	18,75	602	3,06	3 634	18,50	

Les chiffres indiqués ci-dessus sont ceux qui ont été proclamés par les présidents des bureaux de vote. *Dans 2 bureaux de vote (Université dans le canton Nord et Ecole moyenne, bur. N° 13 dans le canton Est) le nombre des bulletins valables est légèrement supérieur à celui des votants.

Die oben angeführten Ziffern wurden durch die Wahlvorsteher der verschiedenen Wahllokale bekanntgegeben. *In zwei Wahllokalen (Kanton Nord: Universität und Kanton Ost; Bureau Nr. 13) ist die Anzahl der gültigen Stimmzettel höher als diejenige der Wähler.

Elections à la Chambre des députés de 1928. — Kammerwahlen 1928.

1er tour de scrutin du 22 avril 1928. — 1. Wahlgang vom 22. April 1928.

Résultats d'après les cantons de la 2e Circonscription. — Wahlergebnisse nach den Kantonen des 2. Wahlbezirks.

Canton	Bureau de vote n° / Stimmlokal Nr.	Quartier / Stadtviertel	Electeurs inscrits / Eingeschriebene Wähler	Nombre des votants / Wahlbeteiligung: chiffre absolu	Nombre des votants: en % des élect. inscrits	Bulletins / Stimmzettel: valables / gültig	Bulletins: non valables / ungültig	G. Weill, socialiste (S. F. I. O.): chiffre absolu	G. Weill: en % des bullet. valabl.	J. P. Mourer, communiste: chiffre absolu	J. P. Mourer: en % des bullet. valabl.	R. Garcin, Union nat. républ.: chiffre absolu	R. Garcin: en % des bullet. valabl.	Dr. Hugel, rép. de gauche: chiffre absolu	Dr. Hugel: en % des bullet. valabl.	Phil. Trebus, radical: chiffre absolu	Phil. Trebus: en % des bullet. valabl.	Ch. Baumann, indépendant: chiffre absolu	Ch. Baumann: en % des bullet. valabl.
	16	Cercle cath. des jeunes gens St-Aloyse	1 149	916	79,72	888	28	326	36,71	307	34,57	204	22,97	30	3,38	19	2,14	2	0,23
	17	Ecole Ste-Aurélie	1 238	959	77,46	936	21	348	37,18	330	35,25	187	19,98	47	5,02	23	2,46	1	0,11
	21	Lycée Kléber (St-Jean)	656	493	75,16	486	7	193	39,71	142	29,22	111	22,84	22	4,53	16	3,29	2	0,41
	22	Ecole Ste-Aurélie	949	744	78,40	732	12	226	30,87	224	30,60	228	31,15	35	4,78	16	2,19	3	0,41
	23	Ecole primaire St-Jean	1 002	770	76,85	754	16	263	34,88	217	28,78	206	27,32	44	5,84	21	2,78	3	0,40
	24	Halle du marché au quai Kléber*	1 428	1 074	75,21	1 039	35	375	35,95	257	24,64	327	31,35	48	4,60	29	2,78	7	0,68
	36	Anc. école B de Kœnigshoffen	688	531	77,19	527	4	187	35,48	140	26,57	162	30,74	26	4,93	8	1,52	4	0,76
	37	Nouv.e école de Kœnigshoffen	1 137	912	80,21	896	16	323	36,05	301	33,59	216	24,11	37	4,13	11	1,23	8	0,89
	38	Anc. école cath. de Cronenbourg	1 156	923	79,84	907	16	301	33,19	333	36,71	228	25,14	25	2,76	18	1,98	2	0,22
	39	Ecole prot. de garçons de Cronenbourg	1 252	1 013	80,91	988	25	287	29,05	362	36,64	274	27,73	34	3,44	29	2,94	2	0,20
	40	Ecole du Gliesberg	1 212	961	79,29	937	24	322	34,37	347	37,03	204	21,77	37	3,95	21	2,24	6	0,64
Ouest			11 867	9 296	78,33	9 090	204	3 151	34,65	2 960	32,55	2 347	25,81	385	4,23	211	2,32	40	0,44
	2	Ecole de la Cathédrale	669	465	69,51	451	14	149	33,04	135	29,93	134	29,71	18	3,99	10	2,22	5	1,11
	14	Ecole du Dragon	1 087	857	78,84	825	32	355	43,03	237	28,73	182	22,06	39	4,73	12	1,45	—	—
	15	Ecole St-Louis	1 059	837	79,04	815	22	293	35,95	262	32,15	208	25,52	34	4,17	13	1,60	5	0,61
	18	Ecole St-Thomas	951	715	75,19	684	31	230	33,63	275	40,20	119	17,40	40	5,85	18	2,63	2	0,29
	19	Ecole St-Thomas	973	759	78,01	721	38	251	34,81	274	38,00	148	20,53	28	3,88	17	2,36	3	0,42
	35	Ecole B du Neuhof	1 485	1 202	80,95	1 176	26	412	35,03	387	32,91	286	24,32	58	4,93	33	2,81	—	—
Sud			6 224	4 835	77,68	4 672	163	1 690	36,17	1 570	33,60	1 077	23,05	217	4,65	103	2,21	15	0,32
		Total 2e circonscription / Zusammen 2. Wahlbezirk	18 091	14 131	78,11	13 762	367	4 841	35,17	4 530	32,91	3 424	24,87	602	4,37	314	2,28	55	0,40

Les chiffres indiqués ci-dessus sont ceux qui ont été proclamés par les présidents des bureaux de vote.

* Dans le bureau de vote N° 24 (Halle du marché au quai Kléber, canton Ouest) le nombre des bulletins valables attribués aux candidats est légèrement supérieur à celui des votants.

Die oben angeführten Zahlen sind durch die Wahlvorstände der einzelnen Wahlbezirke bekanntgegeben worden.

* Im Wahlbureau Nr. 24 (Markthalle Alter Bahnhof) ist die Zahl der auf die einzelnen Kandidaten entfallenden Stimmen höher als diejenige der Wähler.

Elections à la Chambre des députés de 1928. — Kammerwahlen 1928.

1er tour de scrutin du 22 avril 1928. — 1. Wahlgang vom 22. April 1928.

Résultats d'après les différents quartiers de la Ville de la Ire Circonscription comprenant les cantons Nord et Est.
Wahlergebnisse in den einzelnen Stadtteilen des I. Wahlbezirkes mit den Kantonen Nord und Ost.

	Bureau de vote n° Stimmlokal Nr.	Quartier Stadtviertel	Electeurs inscrits Eingeschriebene Wähler	Nombre des votants Wahlbeteiligung		Bulletins Stimmzettel		Suffrages recueillis par les candidats Es entfielen auf den Kandidaten									
								J. Peirotes socialiste (S.F.I.O.)		**Ch. Staehling** Union nationale républicaine		**E. Haas** communiste		**P. Schall** Parti als. indép. (autonomiste)		**F. Oesinger** radical	
				chiffre absolu	en % des élect. inscrits	valables gültig	non valables ungültig	chiffre absolu	en % des bullet. valables	chiffre absolu	en % des bullet. valables	chiffre absolu	en % des bullet. valables	chiffre absolu	en % des bullet. valables	chiffre absolu	en % des bullet. valables
Ville intra muros	1	Hôtel de Ville.........															
	3	Lycée des jeunes filles.															
	4	Lycée Kléber (Palais) ..															
	5	Ecole de travail israélite															
	6	Bâtiment des ateliers...															
	7	Ecole Pigier...........															
	8	Bât. ppl. de l'Université															
	9	Ecole technique	14 772	11 565	78,18	11 299	266	3 464	30,65	3 664	32,42	1 639	14,50	2 096	18,54	436	3,85
	10	Bât. ppl. de l'Université															
	11	Ecole de l'Académie ..															
	12	Ecole St-Guillaume ...															
	13	Ecole moyenne Ste-Mad.															
	20	Grande salle de l'Aubette															
	25	Ecole Schœpflin															
Robertsau	26	Ecole prim., rue Bœcklin	2 952	2 457	83,05	2 404	53	923	38,40	612	25,46	463	19,26	356	14,80	50	2,08
	27	Ecole prim., rue Bœcklin															
Quartier d. Tivoli	28	Tivoli	303	241	79,53	234	7	72	30,75	86	36,74	17	7,26	51	21,78	8	3,47
Noudorf	29	Ecole de la Ziegelau...															
	30	Ecole de la Ziegelau...															
	31	Nouv. école de la Musau															
	32	Ecole du Schluthfeld...	7 205	5 828	80,78	5 713	115	1 834	32,11	1 075	18,80	1 565	27,40	1 131	19,80	108	1,89
	33	Baraque d'école à la Hohwarth...........															
	34	Ecole du Neufeld															
Total ..			25 232	20 091	79,62	19 650	441	6 293	32,02	5 437	27,67	3 684	18,75	3 634	18,50	602	3,06

Élections à la Chambre des députés de 1928. — Kammerwahlen 1928.

Ier tour de scrutin du 22 avril 1928. — 1. Wahlgang vom 22. April 1928.

Résultats d'après les différents quartiers de la Ville de la 2e Circonscription comprenant les cantons Ouest et Sud.
Wahlergebnisse in den einzelnen Stadtteilen des 2. Wahlbezirks mit den Kantonen West und Süd.

	Bureau de vote n° Stimmlokal Nr.	Quartier Stadtviertel	Électeurs inscrits Eingeschriebene Wähler	Nombre des votants Wahlbeteilig. chiffre absolu	Nombre des votants en % des élect. inscr.	Bulletins Stimmzettel valabl. gültig	Bulletins non valabl. ungültig	G. Weill socialiste (S. F. I. O.) chiffre absolu	G. Weill en % des bullet. valabl.	J. P. Mourer communiste chiffre absolu	J. P. Mourer en % des bullet. valabl.	R. Garcin Union nat. républ. chiffre absolu	R. Garcin en % des bullet. valabl.	Dr. Hugel rép. de gauche chiffre absolu	Dr. Hugel en % des bullet. valabl.	Phil. Trebus radical chiffre absolu	Phil. Trebus en % des bullet. valabl.	Ch. Baumann indépendant chiffre absolu	Ch. Baumann en % des bullet. valabl.
Ville intra muros	2	Ecole de la Cathédrale																	
	14	Ecole du Dragon																	
	15	Ecole St-Louis																	
	16	Cercle cath. des jeunes gens St-Aloyse																	
	17	Ecole Ste-Aurélie																	
	18	Ecole St-Thomas	11 161	8 589	76,90	8 331	256	3 009	36,09	2 660	31,91	2 054	24,67	385	4,62	194	2,32	33	0,39
	19	Ecole St-Thomas																	
	21	Lycée Kléber (St-Jean) ..																	
	22	Ecole Ste-Aurélie																	
	23	Ecole primaire St-Jean ...																	
	24	Halle du marché au quai Kléber																	
Neuhof	35	Ecole B du Neuhof	1 485	1 202	80,89	1 176	26	412	35,04	387	32,91	286	24,32	58	4,93	33	2,80	—	—
Kœnigshoffen ..	36 37	Anc. école B de Kœnigshoffen Nouv. école de Kœnigshoffen	1 825	1 443	79,06	1 423	20	510	35,85	441	30,99	378	26,57	63	4,42	19	1,33	12	0,84
Cronenbourg. ..	38 39	Anc. école cath. de Cronenbourg .... Ecole prot. de garçons de Cronenbourg	2 408	1 936	80,38	1 895	41	588	31,03	695	36,69	502	26,49	59	3,11	47	2,47	4	0,21
Montagne-Verte	40	Ecole du Gliesberg	1 212	961	79,28	937	24	322	34,37	347	37,04	204	21,77	37	3,94	21	2,24	6	0,64
		Total	18 091	14 131	78,11	13 762	367	4 841	35,17	4 530	32,91	3 424	24,87	602	4,37	314	2,28	55	0,40

4° Les résultats du premier tour de scrutin du 22 avril 1928.

D'après le rapport remis à la présidence de la Chambre et inséré au Journal officiel du 3 juin 1928, (Déb. parl., page 1.851) pour l'examen des pouvoirs par M. le député Antoine, les élections du 22 avril 1928 ont donné les résultats suivants :

1re *Circonscription de Strasbourg* (*cantons Nord et Est*).

Electeurs inscrits	25.232
dont le quart est de	6.308
Nombre des votants	20.091
Bulletins blancs et nuls à déduire	441
Suffrages exprimés	19.650
dont la majorité absolue est de	9.826

Aucun candidat n'ayant réuni les conditions exigées pour être élu au premier tour, il a été procédé le 29 avril 1928 à un second tour de scrutin.

2e *circonscription* (*cantons Ouest et Sud*).

Electeurs inscrits	18.091
dont le quart est de	4.523
Nombre des votants	14.133
Bulletins blancs et nuls à déduire	367
Suffrages exprimés	13.766
dont la majorité absolue est de	6.884

Aucun candidat n'ayant réuni les conditions exigées pour être élu au premier tour, il a été procédé aussi pour ce canton le 29 avril 1928 à un second tour de scrutin.

5° Pourcentage des votants.

a) *Observations générales.*

Le pourcentage des votants du 22 avril 1928 à Strasbourg par rapport aux électeurs inscrits se chiffre à 78,8 p. cent en moyenne et peut être considéré comme élevé ; il a été de 80 p. cent le 11 mai 1924.

b) *Le pourcentage des votants dans les différents quartiers.*

Le pourcentage a atteint dans les 4 cantons (voir les tableaux, pages 14 et 15) presque le même chiffre :

4. Die Wahlresultate des 1. Wahlgangs vom 22. April 1928.

Nach dem Bericht an die Kammerpräsidentschaft durch den Berichterstatter M. le député Antoine, der im Journ. Officiel vom 3. Juni 1928, Déb. parl., Seite 1 851, veröffentlicht wurde, haben die Wahlen vom 22. April 1928 folgende Resultate ergeben :

1. *Wahlbezirk von Strassburg* (*Kanton Nord und Ost*).

Eingeschriebene Wähler	25.232
hiervon ein Viertel	6.308
Anzahl der Wähler	20.091
Weisse oder ungültige Stimmen, die abzuziehen sind	441
Gültige Stimmzettel	19.650
die absolute Mehrheit beträgt	9.826

Da kein Kandidat die absolute Mehrheit erreichte und demnach nicht den gesetzlichen Bedingungen entsprach, um beim 1. Wahlgang gewählt zu werden, wurde ein 2. Wahlgang auf den 29. April 1928 festgesetzt.

2. *Wahlbezirk* (*Kanton West und Süd*).

Eingeschriebene Wähler	18.091
hiervon ein Viertel	4.523
Anzahl der Wähler	14.133
Weisse oder ungültige Stimmen, die abzuziehen sind	367
Gültige Stimmzettel	13.766
die absolute Mehrheit beträgt	6.884

Da kein Kandidat die gesetzlichen Bedingungen erfüllt hat um im 1. Wahlgang gewählt zu werden, wurde ein 2. Wahlgang auf den 29. April 1928 festgesetzt.

5. Wahlbeteiligung.

a) *Allgemeine Bemerkungen.*

Die Wahlbeteiligung betrug am 22. April 1928 in Strassburg im Mittel 78,8 Prozent und kann als stark bezeichnet werden. Bei den Wahlen vom 11. Mai 1924 war die Beteiligung 80 Proz.

b) *Die Wahlbeteiligung in den einzelnen Stadtteilen.*

Die Wahlbeteiligung war in fast allen 4 Wahlkantonen die gleiche (siehe Tabelle Seite 14 und 15) und betrug im

1re circonscription :

canton Nord = 79,3 p. cent,
canton Est = 79,9 p. cent.

2e circonscription :

canton Ouest = 78,3 p. cent,
canton Sud = 77,6 p. cent.

Par contre, si l'on divise, à cet effet, la cité en « ville intra muros » et « extra muros » (banlieue), on constate le taux le plus élevé à la Robertsau avec 83 p. cent ; en 2e lieu vient Neuhof-Stockfeld avec 80,9 p. cent ; en 3e Neudorf avec 80,8 p. cent, en 4e Cronenbourg avec 80,4 p. cent ; en 5e le quartier du Tivoli avec 79,5 p. cent ; en 6e Gliesberg avec 79,3 p. cent ; en 7e Kœnigshoffen avec 79 p. cent et en dernier lieu la ville intra muros avec 78,2 p. cent dans la 1re circonscription et avec 76,9 p. cent dans la 2e circonscription.

Dans tous les bureaux de vote le pourcentage des votants était très élevé ; il a été le plus fort dans les bureaux de vote : no 27 (école rue Bœcklin à la Robertsau) avec 84 p. cent, no 34 (école du Neufeld au Neudorf avec 83,5 p. cent, no 29 (école de la Ziegelau au Neudorf) avec 82,8 p. cent.

Par contre, ce taux a été le plus faible dans les bureaux de vote : no 2 (école de la Cathédrale) avec 69,5 p. cent ; no 7 (école Pigier) avec 75,1 p. cent, no 21 (Lycée Kléber St-Jean) avec 75,2 p. cent.

Le bureau de vote no 25 (école Schœpflin), qui accusait aux élections du 11 mai 1924 un taux très bas (73,4 p. cent), a atteint le 22 avril 1928 le chiffre de 79,8 p. cent.

La différence entre les taux maxima et minima est presque la même que le 11 mai 1924.

c) *Bulletins non valables.*

Le nombre des bulletins non valables (voir les tableaux, pages 14 et 15) est presque le double de celui des élections du 11 mai 1924 (808 contre 407), où il y avait un scrutin de liste. 2,3 p. cent des bulletins n'ont pas été valables.; ce taux a été de 2,2 p. cent pour tout le département du Bas-Rhin.

Le bureau de vote no 36 (anc. école B. Kœnigshoffen) n'avait que 4 bulletins non valables contre 527 bulletins valables, et le bureau de vote no 35 (école B. du Neuhof) n'avait que 26 bulletins non valables contre 1176 bulletins valables.

1. Wahlbezirk :

Kanton Nord = 79,3 Prozent,
Kanton Ost = 79,9 Prozent.

2. Wahlbezirk :

Kanton West = 78,3 Prozent,
Kanton Süd = 77,6 Prozent.

Teilt man hingegen die Stadt in Innenstadt (intra muros) und Vororte (extra muros) ein, so stellt man fest, dass die Beteiligung am stärksten in der Ruprechtsau war, mit 83 Prozent. An zweiter Stelle folgt Neuhof-Stockfeld mit 80,9 Prozent, an 3. Neudorf mit 80,8 Prozent, an 4. Kronenburg mit 80,4 Prozent, an 5. das Tivoliviertel mit 79,5 Prozent, an 6. Gliesberg mit 79,3 Prozent ,an 7. Kœnigshofen mit 79 Prozent und an letzter Stelle folgt die Innenstadt mit 78,2 Prozent im 1. Wahlbezirk und 76,9 Prozent im 2. Wahlbezirk.

In allen Stimmlokalen war eine sehr rege Beteiligung ; am stärksten in den Stimmlokalen : Nr. 27 (Ecole rue Bœcklin, Ruprechtsau) mit 84 Prozent, Nr. 34 (Neufeldschule) mit 83,5 Prozent und Nr. 29 (Ziegelauschule) mit 82,8 Prozent.

Dagegen war die Beteiligung am schwächsten in den Stimmlokalen Nr. 2(Ecole de la Cathédrale) mit 69,5 Prozent, Nr. 7 (Ecole Pigier) mit 75,1 Prozent und Nr. 21 (Lycée Kléber St-Jean) mit 75,2 Prozent.

Das Stimmlokal Nr. 25 (Ecole Schœpflin), das bei den Wahlen vom 11. Mai 1924 die schwächste Beteiligung mit 73,4 Prozent verzeichnete, hat am 22. April 1928 die Zahl von 79,8 Prozent erreicht.

c) *Ungültige Stimmzettel.*

Die Zahl der ungültigen Stimmzettel (siehe Tabelle, Seite 14 und 15) ist fast doppelt so hoch wie diejenige der Wahlen vom 11. Mai 1924 (808 gegen 407), welche mittels Listen erfolgten. 2,3 Prozent der abgegebenen Stimmen waren ungültig. Für das ganze Departement beträgt diese Ziffer 2,2 Prozent.

Das Stimmlokal Nr. 36 (anc. Ecole B. Kœnigshofen) hatte auf 527 gültige Stimmzettel nur 4 ungültige, und das Stimmlokal Nr. 35 (Ecole B. Neuhof) hatte von 1176 nur 26 ungültige Stimmzettel aufzuweisen.

JACQUES PEIROTES

OFFICIER DE LA LÉGION D'HONNEUR,
DÉPUTÉ DE STRASBOURG (1re circonscription).
Abgeordneter von Strassburg (1. Wahlbezirk).

6° Deuxième tour de scrutin du 29 avril 1928. — Zweiter Wahlgang vom 29. April 1928.

Elections à la Chambre des députés de 1928. — Kammerwahlen 1928.

Résultats de la 1re **Circonscription** comprenant les cantons Nord et Est.
Wahlergebnisse des 1. Wahlbezirks mit den Kantonen Nord und Ost.

Bureau de vote n° Stimmlokal Nr.	Quartier Stadtviertel	Electeurs inscrits Eingeschriebene Wähler	Nombre des votants Wahlbeteiligung		Bulletins valables Gültige Stimmzettel	Suffrages recueillis par les candidats Es entfielen auf den Kandidaten							
						J. Peirotes socialiste (S.F.I.O.)		E. Haas communiste		F. Ossinger radical		P. Schall Parti als. indép. (autonomiste)	
			chiffre absolu	en % des élect. inscrits		chiffre absolu	en % des bullet. valables	chiffre absolu	en % des bullet. valables	chiffre absolu	en % des bullet. valables	chiffre absolu	en % des bullet. valables
1	Hôtel de Ville	694	505	72,77	470	225	47,87	198	42,13	—	—	47	10,00
3	Lycée des jeunes filles	990	734	74,15	687	343	49,93	272	39,59	—	—	72	10,48
4	Lycée Kléber (Palais)	1 125	866	76,98	817	513	62,79	211	25,83	1	0,12	92	11,26
5	Ecole de travail israélite	1 049	776	73,98	721	425	58,95	212	29,40	—	—	84	11,65
6	Bâtiment des ateliers	1 087	828	76,18	790	587	74,30	158	20,00	—	—	45	5,70
7	Ecole Pigier	691	510	73,81	478	310	64,85	116	24,27	—	—	52	10,88
8	Bâtiment princ. de l'Université	1 309	969	74,02	899	663	73,75	169	18,80	—	—	67	7,45
9	Ecole technique	1 775	1 347	75,89	1 277	713	55,78	415	32,48	—	—	150	11,74
10	Bâtiment princ. de l'Université	1 268	946	74,61	881	585	66,32	213	24,15	—	—	84	9,53
11	Ecole de l'Académie	1 174	880	74,96	857	392	45,74	410	47,84	—	—	55	6,42
12	Ecole St-Guillaume	1 008	784	77,78	741	283	38,19	393	53,04	—	—	65	8,77
13	Ecole moyenne Ste-Madeleine	1 237	912	73,73	838	414	49,40	359	42,84	—	—	65	7,76
20	Grande salle de l'Aubette	654	466	71,26	446	261	58,52	147	32,96	—	—	38	8,52
25	Ecole Schœpflin	712	541	75,99	521	329	63,15	140	26,87	—	—	52	9,98
26	Ecole primaire, rue Bœcklin	1 471	1 135	77,16	1 074	574	53,44	413	38,46	—	—	87	8,10
27	Ecole primaire, rue Bœcklin	1 481	1 165	71,91	1 099	631	57,42	375	34,12	2	0,18	91	8,28
28	Tivoli	303	236	77,89	226	135	59,73	67	29,65	—	—	24	10,62
29	Ecole de la Ziegelau	1 261	1 007	79,86	967	333	34,43	591	61,12	—	—	43	4,45
30	Ecole de la Ziegelau	1 258	983	78,14	956	380	39,75	505	52,82	—	—	71	7,43
31	Nouv. école de la Musau	1 413	1 070	75,73	1 028	416	40,47	531	51,65	—	—	81	7,88
32	Ecole du Schluthfeld	1 376	1 049	76,24	1 001	430	42,95	485	48,45	—	—	86	8,60
33	Baraque d'école à la Hohwarth	383	276	72,07	262	136	51,91	106	40,46	—	—	20	7,63
34	Ecole du Neufeld	1 514	1 204	79,53	1 153	514	44,58	508	44,06	—	—	131	11,36
	Total	25 233	19 189	76,05	18 189	9 592	52,73	6 994	38,44	3	0,02	1 602	8,81

Les chiffres indiqués ci-dessus sont exactement ceux qui ont été proclamés.
Die oben angeführten Zahlen sind diejenigen, die durch die einzelnen Wahlvorsteher bekanntgegeben wurden.

Elections à la Chambre des députés de 1928. — Kammerwahlen 1928.

IIe tour du scrutin du 29 avril 1928. — II. Wahlgang vom 29. April 1928.

Résultats de la 2e **Circonscription** comprenant les cantons Ouest et Sud.
Wahlergebnisse des 2. Wahlbezirks mit den Kantonen West und Süd.

Bureau de vote n° Stimmlokal Nr.	Quartier Stadtviertel	Electeurs inscrits Eingeschriebene Wähler	Nombre des votants Wahlbeteiligung		Bulletins valables Gültige Stimmzettel	Suffrages recueillis par les candidats Es entfielen auf den Kandidaten									
						C. Weill socialiste (S.F.I.O)		Dr. Hugel rép. de Gauche		J. P. Mourer communiste		Ch. Baumann indépendant		Phil. Trebus radical	
			chiffre absolu	en % des élect. inscrits		chiffre absolu	en % des bullet. valables	chiffre absolu	en % des bullet. valables	chiffre absolu	en % des bullet. valables	chiffre absolu	en % des bullet. valables	chiffre absolu	en % des bullet. valables
2	Ecole de la Cathédrale*	669	476	71,15	453	191	42,07	—		245	53,90	18	3,97	—	—
14	Ecole du Dragon	1 087	850	78,20	825	446	54,06	—	—	357	43,27	22	2,67	—	—
15	Ecole St-Louis	1 059	787	74,32	750	347	46,27	—	—	380	50,67	23	3,06	—	—
16	Cercle cath. des jeunes gens St-Aloyse	1 149	903	78,59	881	398	45,18	1	0,11	472	53,58	10	1,13	—	—
17	Ecole Ste-Aurélie*	1 238	951	76,82	921	446	48,32	—	—	460	49,83	17	1,85	—	—
18	Ecole St-Thomas	951	715	75,19	697	301	43,18		—	379	54,38	17	2,44	—	—
19	Ecole St-Thomas	973	731	75,13	702	332	47,29	2	0,28	353	50,29	15	2,14	—	—
21	Lycée Kléber (St-Jean)	656	499	76,07	493	273	55,38	—	—	211	42,80	8	1,62	1	0,20
22	Ecole Ste-Aurélie*	949	722	76,08	704	327	46,38		—	364	51,04	14	1,98	—	—
23	Ecole primaire St-Jean	1 002	755	75,35	733	371	50,61	2	0,27	339	46,25	21	2,87	—	—
24	Halle du marché au quai Kléber	1 428	1 049	73,46	1 001	549	54,90		—	419	41,90	32	3,20	—	—
35	Ecole B du Neuhof	1 485	1 198	80,68	1 159	441	38,05	—	—	671	57,89	47	4,06	—	—
36	Anc. école B de Kœnigshoffen	688	529	76,89	515	209	40,58	2	0,39	287	55,73	17	3,30	—	—
37	Nouv. école de Kœnigshoffen	1 136	901	79,31	886	354	39,95	—	—	512	57,79	20	2,26	—	—
38	Anc. école cath. de Cronenbourg	1 156	933	80,71	909	330	36,30	—	—	555	61,06	24	2,64	—	—
39	Ecole prot. de garçons de Cronenbourg	1 252	998	79,72	967	318	32,89	2	0,21	620	64,11	26	2,69	1	0,10
40	Ecole du Gliesberg	1 212	940	78,06	910	379	41,47	—	—	516	56,45	19	2,08	—	—
	Total	18 090	13 943	77,06	13 506	6 012	44,49	9	0,07	7 140	52,84	350	2,59	2	0,01

Les chiffres indiqués ci-dessus sont ceux qui ont été proclamés par les présidents des bureaux de vote.

* Dans 4 bureaux de vote : n° 2 (Ecole de la Cathédrale), n° 17 (Ecole Ste-Aurélie), n° 22 (Ecole Ste-Aurélie) et n° 40 (Ecole du Gliesberg), le nombre des bulletins valables est légèrement supérieur à celui des votants.

Die obenangeführten Zahlen wurden durch die Präsidenten der einzelnen Wahllokale bekanntgegeben.

* In vier Wahllokalen: Nr 2, (Münsterschule), Nr. 17 (Aurelienschule), Nr. 22 (Aurelienschule) und Nr. 40 (Gliesbergschule) ist die Zahl der gültigen Stimmen höher als diejenige der Wähler.

Elections à la Chambre des députés de 1928. — Kammerwahlen 1928.

IIe tour de scrutin du 29 avril 1928. — II. Wahlgang vom 29. April 1928.

Résultats d'après les cantons de la Ire Circonscription. — Wahlergebnisse nach den einzelnen Kantonen des I. Wahlbezirks.

Canton	Bureau de vote n° / Stimmlokal Nr.	Quartier / Stadtviertel	Electeurs inscrits / Eingeschriebene Wähler	Nombre des votants / Wahlbeteiligung: chiffre absolu	Nombre des votants: en % des élect. inscrits	Bulletins / Stimmzettel: valables / gültig	Bulletins: non valables / ungültig	J. Peirotes, socialiste (S.F.I.O.): chiffre absolu	J. Peirotes: en % des bullet. valables	E. Haas, communiste: chiffre absolu	E. Haas: en % des bullet. valables	F. Oesinger, radical: chiffre absolu	F. Oesinger: en % des bullet. valables	P. Schall, Parti als. indép. (autonomiste): chiffre absolu	P. Schall: en % des bullet. valables	
	1	Hôtel de Ville	694	505	72,77	470	35	225	47,87	198	42,13	—	—	47	10,00	
	4	Lycée Kléber (Palais)	1 125	866	76,98	817	49	513	62,79	211	25,83	1	0,12	92	11,26	
	5	Ecole de travail israélite	1 049	776	73,98	721	55	425	58,95	212	29,40	—	—	84	11,65	
	6	Bâtiment des ateliers	1 087	828	76,18	790	38	587	74,30	158	20,00	—	—	45	5,70	
	7	Ecole Pigier	691	510	73,81	478	32	310	64,85	116	24,27	—	—	52	10,88	
	8	Bâtiment princ. de l'Université	1 309	969	74,02	899	70	663	73,75	169	18,80	—	—	67	7,45	
	9	Ecole technique	1 775	1 347	75,89	1 277	69	713	55,78	415	32,48	—	—	150	11,74	1278 = 100
	10	Bâtiment princ. de l'Université	1 268	946	74,61	881	65	585	66,32	213	24,15	—	—	84	9,53	882 = 100
	20	Grande salle de l'Aubette	654	466	71,26	446	20	261	58,52	147	32,96	—	—	38	8,53	
	25	Ecole Schœpflin	712	541	75,99	521	20	329	63,15	140	26,87	—	—	52	9,98	
	26	Ecole primaire, rue Bœcklin	1 471	1 135	77,16	1 074	61	574	53,44	413	38,46	—	—	87	8,10	
	27	Ecole primaire, rue Bœcklin	1 481	1 165	71,91	1 099	66	631	57,42	375	34,12	2	0,18	91	8,28	
	28	Tivoli	303	236	77,89	226	10	135	59,73	67	29,65	—	—	24	10,62	
Nord ..			13 619	10 290	75,56	9 690	500	5 951	61,35	2 834	29,21	3	0,03	913	9,41	9701 = 100
	3	Lycée des jeunes filles	990	734	74,15	687	47	343	49,93	272	39,59	—	—	72	10,48	
	11	Ecole de l'Académie	1 174	880	74,96	857	23	392	45,74	410	47,84	—	—	55	6,42	
	12	Ecole St-Guillaume	1 008	784	77,78	741	43	283	38,19	393	53,04	—	—	65	8,77	
	13	Ecole moyenne Ste-Madeleine	1 237	912	73,73	838	74	414	49,40	359	42,84	—	—	65	7,76	
	29	Ecole de la Ziegelau	1 261	1 007	79,86	967	40	333	34,43	591	61,12	—	—	43	4,45	
	30	Ecole de la Ziegelau	1 258	983	78,14	956	27	380	39,75	505	52,82	—	—	71	7,43	
	31	Nouv. école de la Musau	1 413	1 070	75,73	1 028	42	416	40,47	531	51,65	—	—	81	7,88	
	32	Ecole du Schluthfeld	1 376	1 049	76,24	1 001	48	430	42,95	485	48,45	—	—	86	8,60	
	33	Baraque d'école à la Hohwarth.	383	276	72,07	262	14	136	51,91	106	40,46	—	—	20	7,63	
	34	Ecole du Neufeld	1 514	1 204	79,53	1 153	51	514	44,58	508	44,06	—	—	131	11,36	
Est			11 614	8 899	76,62	8 400	409	3 641	42,88	4 160	49,00	—	—	689	8,12	
		Total 1re circonscription / Zusammen 1. Wahlbezirk	25 233	19 189	76,05	18 189	999	9 592	52,73	6 994	38,44	3	0,02	1 602	8,81	18 191 = 100

Les chiffres indiqués ci-dessus sont ceux qui ont été proclamés par les présidents des bureaux de vote. Dans 2 bureaux de vote (Ecole technique et Bâtiment principal de l'Université dans le canton Nord, les bureaux de vote n°s 9 et 10), le nombre des bulletins valables est légèrement supérieur à celui des votants.

Die oben angeführten Zahlen wurden durch die Wahlvorsteher der verschiedenen Wahllokale bekanntgegeben. In zwei Wahllokalen (Technische Schule und Universität, Wahllokale Nr. 9 und 10) war die Zahl der gültigen Stimmen etwas höher als diejenige der Wähler.

Elections à la Chambre des députés de 1928. — Kammerwahlen 1928.

IIe tour de scrutin du 29 avril 1928. — II. Wahlgang vom 29. April 1928.

Résultats d'après les cantons de la 2e **Circonscription** (cantons Ouest et Sud).
Wahlergebnisse nach den Kantonen des 2. Wahlbezirks (Kantone West und Süd).

Canton	Bureau de vote n° Stimmlokal Nr.	Quartier Stadtviertel	Electeurs inscrits Eingeschriebene Wähler	Nombre des votants Wahlbeteiligung		Bulletins Stimmzettel		Suffrages recueillis par les candidats Es entfielen auf den Kandidaten									
								J. P. Mourer communiste		G. Weill socialiste (S.F.I.O.)		Ch. Baumann indépendant		Dr. Hugel rép. de Gauche		Ph. Trébus radical	
				chiffre absolu	en % des élect. inscrits	valables gültig	non valables ungültig	chiffre absolu	en % des bullet. valables	chiffre absolu	en % des bullet. valables	chiffre absolu	en % des bullet. valables	chiffre absolu	en % des bullet. valables	chiffre absolu	en % des bullet. valables
	16	Cercle cath. des jeunes gens St-Aloyse	1 149	903	78,50	881	22	472	53,58	398	45,18	10	1,13	1	0,11	—	—
	17	Ecole Ste-Aurélie*	1 238	951	76,82	921	30	460	49,83	446	48,32	17	1,85	—	—	—	—
	21	Lycée Kléber (St-Jean)	656	499	76,07	493	6	211	42,80	273	55,38	8	1,62	—	—	1	0,20
	22	Ecole Ste-Aurélie*	949	722	76,08	704	18	364	51,64	327	46,38	14	1,98	—	—	—	—
	23	Ecole primaire St-Jean	1 002	755	75,35	733	22	339	46,25	371	50,61	21	2,87	2	0,27	—	—
	24	Halle du marché au quai Kléber*	1 428	1 049	73,46	1 001	48	419	41,90	549	54,90	32	3,20	—	—	—	—
	36	Anc. école B de Kœnigshoffen	688	529	76,89	515	14	287	55,73	209	40,58	17	3,30	2	0,30	—	—
	37	Nouv. école de Kœnigshoffen	1 136	901	79,31	886	15	512	57,79	354	39,95	20	2,26	—	—	—	—
	38	Anc. école cath. de Cronenbourg	1 156	933	80,71	909	24	555	61,06	330	36,30	24	2,64	—	—	—	—
	39	Ecole prot. de garçons de Cronenbourg	1 252	998	79 72	967	31	620	64,11	318	32,89	26	2,69	2	0,21	1	0,10
	40	Ecole du Gliesberg*	1 212	946	78,06	910	35	516	56,45	379	41,47	19	2,08	—	—	—	—
Ouest..			11 866	9 186	77,42	8 920	265	4 755	53,27	3 954	44,30	208	2,33	7	0,08	2	0,02
	2	Ecole de la Cathédrale*	669	476	71,15	453	23	243	53,96	191	42,07	18	3,97	—	—	—	—
	14	Ecole du Dragon	1 087	850	78,20	825	25	357	43,27	446	54,06	22	2,67	—	—	—	—
	15	Ecole St-Louis	1 059	787	74,32	750	37	380	50,67	347	46,27	23	3,06	—	—	—	—
	18	Ecole St-Thomas	951	715	75,19	697	18	379	54,38	301	43,18	17	2,44	—	—	—	—
	19	Ecole St-Thomas	973	731	75,13	702	29	353	50,29	332	47,29	15	2,14	2	0,28	—	—
	35	Ecole B du Neuhof	1 485	1 198	80,68	1 159	39	671	57,89	441	38,05	47	4,06	—	—	—	—
Sud....			6 224	4 757	76,43	4 586	171	2 385	51,99	2 058	44,87	142	3,10	2	0,04	—	—
		Total 2e circonscription. Zusammen 2. Wahlbezirk	18 090	13 943	77,08	13 506	436	7 140	52,84	6 012	44,49	350	2,59	9	0,07	2	0,01

Les chiffres indiqués ci-dessus sont ceux qui ont été proclamés par les présidents des bureaux de vote.

* Dans 4 bureaux de vote (Ecole Ste-Aurélie, bureau n° 17, Ecole Ste-Aurélie, bureau n° 22, Ecole du Gliesberg, bureau n° 40, canton Ouest, et Ecole de la Cathédrale, bureau n° 2, canton Sud) le nombre des bulletins valables est légèrement supérieur à celui des votants. Dans le bureau de vote n° 24 (Halle du marché au quai Kléber) le nombre des suffrages recueillis par les candidats est inférieur à celui des bulletins valables.

Die oben angeführten Zahlen wurden durch die Wahlvorsteher der einzelnen Wahllokale bekanntgegeben.

* In 4 Wahllokalen (Nr. 17, Aurelienschule, Nr. 22, Aurelienschule, Nr. 40, Gliesbergschule und Nr. 2, Münsterschule) war die Zahl der gültigen Stimmen höher als diejenige der Wähler. Im Wahllokal N° 24 (Markthalle Alter Bahnhof) ist die Zahl der auf die Kandidaten entfallenden Stimmen niedriger, als diejenige der gültigen Stimmen.

Elections à la Chambre des députés de 1928. — Kammerwahlen 1928.

IIe tour de scrutin du 29 avril 1928. — II. Wahlgang am 29. April 1928.

Résultats d'après les différents quartiers de la Ville de la Ire Circonscription.
Wahlergebnisse in den einzelnen Stadtteilen des I. Wahlbezirks.

Quartier	Bureau de vote n° / Stimmlokal Nr.	Quartier / Stadtviertel	Electeurs inscrits / Eingeschriebene Wähler	Nombre des votants / Wahlbeteiligung		Bulletins / Stimmzettel		Suffrages recueillis par les candidats / Es entfielen auf den Kandidaten							
								J. Peirotes socialiste (S.F.J.O.)		E. Haas communiste		P. Schall autonomiste		F. Oesinger radical	
				chiffre absolu	en % des élect. inscrits	valables gültig	non valables ungültig	chiffre absolu	en % des bullet. valables	chiffre absolu	en % des bullet. valables	chiffre absolu	en % des bullet. valables	chiffre absolu	en % des bullet. valables
Ville intra muros	1	Hôtel de Ville													
	3	Lycée des jeunes filles													
	4	Lycée Kléber (Palais)													
	5	Ecole de travail israélite													
	6	Bâtiment des ateliers													
	7	Ecole Pigier													
	8	Bâtiment princ. de l'Université													
	9	Ecole technique	14 773	11 064	74,79	10 423	640	6 043	57,92	3 413	32,71	968	9,28	1	0,09
	10	Bâtiment princ. de l'Université													
	11	Ecole de l'Académie													
	12	Ecole St-Guillaume													
	13	Ecole moyenne Ste-Madeleine													
	20	Grande salle de l'Aubette													
	25	Ecole Schœpflin													
Robertsau	26	Ecole primaire, rue Bœcklin	2 952	2 300	77,74	2 173	127	1 205	55,46	788	36,26	178	8,19	2	0,09
	27	Ecole primaire, rue Bœcklin													
Quartier d. Tivoli	28	Tivoli	303	236	76,99	226	10	135	59,73	67	29,64	24	10,63	—	—
Neudorf	29	Ecole de la Ziegelau													
	30	Ecole de la Ziegelau													
	31	Nouv. Ecole de la Musau													
	32	Ecole du Schluthfeld	7 205	5 589	77,52	5 367	222	2 209	41,16	2 726	50,79	432	8,05	—	—
	33	Baraque d'école à la Hohwarth													
	34	Ecole du Neufeld													
		Total	25 233	19 189	76,05	18 189	999	9 592	52,73	6 994	38,45	1 602	8,81	3	0,01

Elections à la Chambre des députés de 1928. — Kammerwahlen 1928.

IIe tour de scrutin du 29 avril 1928. — II. Wahlgang vom 29. April 1928.

Résultats d'après les différents quartiers de la Ville de la 2e **Circonscription** (cantons Ouest et Sud).
Wahlergebnisse in den verschiedenen Stadtteilen des 2. Wahlbezirks (Kantone West und Süd).

Quartier	Bureau de vote n° Stimmlokal Nr.	Quartier Stadtviertel	Electeurs inscrits Eingeschriebene Wähler	Nombre des votants Wahlbeteiligung		Bulletins Stimmzettel		Suffrages recueillis par les candidats Es entfielen auf den Kandidaten									
								J. P. Mourer communiste		**G. Weill** socialiste (S.F.I.O.)		**Ch. Baumann** indépendant		**Dr. Hugel** rép. de Gauche		**Ph. Trébus** radical	
				chiffre absolu	en % des élect. inscrits	valables gültig	non valables ungültig	chiffre absolu	en % des bullet. valables	chiffre absolu	en % des bullet. valables	chiffre absolu	en % des bullet. valables	chiffre absolu	en % des bullet. valables	chiffre absolu	en % des bullet. valables
Ville intra muros	2 14 15 16 17 18 19 21 22 23 24	Ecole de la Cathédrale .... Ecole du Dragon .... Ecole St-Louis................ Cercle cath. des jeunes gens St-Aloyse .... Ecole Ste-Aurélie .... Ecole St-Thomas .... Ecole St-Thomas .... Lycée Kléber (St-Jean)........ Ecole Ste-Aurélie .... Ecole primaire St-Jean .... Halle du marché au quai Kléber	11 161	8 438	75,52	8 160	278	3 979	48,01	3 981	48,75	197	2,49	5	0,63	1	0,12
Neuhof	35	Ecole B du Neuhof	1 485	1 198	80,62	1 159	39	671	57,89	441	38,06	47	4,05	—	—	—	—
Kœnigs-hoffen	36 37	Anc. école B de Kœnigshoffen.. Nouv. école de Kœnigshoffen ..	1 824	1 430	78,36	1 401	29	799	57,03	563	40,20	37	2,63	2	0,14	—	—
Cronen-bourg	38 39	Anc. école cath. de Cronenbourg Ecole prot. de garçons de Cronenbourg	2 408	1 931	80,13	1 876	55	1 175	62,63	648	34,54	50	2,67	2	0,11	1	0,05
Mont.-Verte	40	Ecole du Gliesberg	1 212	946	78,04	910	35	516	56,39	379	41,53	19	2,08	—	—	—	—
		Total	18 090	13 943	77,06	13 506	436	7 140	52,84	6 012	44,49	350	2,59	9	0,07	2	0,01

Tableaux synoptiques des résultats des élections à la Chambre des Députés des 22 et 29 avril 1928.

Vergleichende Gegenüberstellung der Resultate der Kammerwahlen vom 22. und 29. April 1928.

I. 1re circonscription électorale de Strasbourg (cantons Nord et Est). — 1. Wahlbezirk von Strassburg (Kantone Nord u. Ost).

Circonscription ou Canton Wahlbezirk oder Kanton	Électeurs inscrits Eingeschriebene Wähler	Nombre des votants Wahlbeteiligung		Bulletins Stimmzettel		Suffrages recueillis par les candidats Es entfielen auf den Kandidaten									
						J. Peirotes socialiste (S. F. I. O.)		**Ch. Stæhling** Union nationale républicaine		**E. Haas** communiste		**P. Schall** autonomiste		**Fr. Oesinger** radical	
		chiffre absolu	en % des élect. inscrits	valables gültig	non valables ungültig	chiffre absolu	en % des bullet. valables	chiffre absolu	en % des bullet. valables	chiffre absolu	en % des bullet. valables	chiffre absolu	en % des bullet. valables	chiffre absolu	en % des bullet. valables
Ier tour de scrutin du 22 avril 1928. — 1. Wahlgang vom 22. April 1928.															
Ire circonscription 1. Wahlbezirk															
a) canton Nord	13 618	10 807	79,36	10 575	232	3 424	32,38	3 596	34,01	1 259	11,91	1 895	17,92	400	3,78
b) canton Est	11 614	9 284	79,94	9 075	200	2 869	31,61	1 841	20,28	2 425	26,72	1 739	19,16	202	2,23
Total de la 1re circonscription au 1er tour	25 232	20 091	79,62	19 650	441	6 293	32,02	5 437	27,67	3 684	18,75	3 634	18,50	602	3,06
IIe tour de scrutin du 29 avril 1928. — 2. Wahlgang vom 29. April 1928.															
Ire circonscription 1. Wahlbezirk															
a) canton Nord	13 619	10 290	75,56	9 690	590	5 951	61,35	—	—	2 834	29,21	913	0,41	3	0,03
b) canton Est	11 614	8 899	76,62	8 490	409	3 641	42,88	—	—	4 160	49,00	689	8,12	—	—
Total de la 1re circonscription au 2e tour	25 233	19 189	76,05	18 180	999	9 592	52,73	—	—	6 994	38,44	1 602	8,81	3	0,02

Au second tour de scrutin MM. Ch. Stæhling (Union nationale) et Oesinger (radical) s'étaient retirés en faveur de M. Peirotes (socialiste).

M. J. Peirotes, maire de Strasbourg, a été proclamé élu au 2e tour de scrutin. Il a recueilli au 1er tour 32 p. cent des suffrages exprimés et au 2e tour 52 p. cent.

Le parti radical a réuni 3 p. cent des suffrages exprimés au premier tour. Aux élections du 11 mai 1924, ce parti avait obtenu 11 p. cent des voix.

Beim 2. Wahlgang sind die Kandidaten MM. Stæhling (Union nationale) und Oesinger (radical) zu Gunsten von M. Peirotes (socialiste) zurückgetreten. M. Peirotes, Bürgermeister von Strassburg, wurde beim 2. Wahlgang für gewählt erklärt. Beim 1. Wahlgang hat er 32 % der abgegebenen Stimmen und beim 2. Wahlgang 52 % der Stimmen auf sich vereinigt. Die Radikale Partei hat beim 1. Wahlgang 3 Prozent der gültigen Stimmen erhalten. Bei den Wahlen vom 11. Mai 1924 bekam diese Partei 11 Prozent der Stimmen.

II. 2e Circonscription électorale de Strasbourg (cantons Ouest et Sud) — 2. Wahlbezirk von Strassburg (Kanton West u. Süd).

Circonscription ou Canton Wahlbezirk oder Kanton	Électeurs inscrits Eingeschriebene Wähler	Nombre des votants Wahlbeteiligung		Bulletins Stimmzettel		Suffrages recueillis par les candidats Es entfielen auf den Kandidaten											
						R. Garcin Union nat. rép.		**G. Weill** (soc.) Député sortant		**Dr Hugel** rép. de gauche		**J. P. Mourer** communiste		**Ch. Baumann** indépendant		**Ph. Trébus** parti radical et rad.-socialiste	
		chiffre absolu	en % des élect. inscrits	valables gültig	non valables ungültig	chiffre absolu	en % des bullet. valables	chiffre absolu	en % des bullet. valables	chiffre absolu	en % des bullet. valables	chiffre absolu	en % des bullet. valables	chiffre absolu	en % des bullet. valables	chiffre absolu	en % des bullet. valables
Ier tour de scrutin du 22 avril 1928. — 1. Wahlgang vom 22. April 1928.																	
2e circonscription. **2. Wahlbezirk.**																	
a) canton Sud	6 224	4 835	77.68	4 672	163	1 077	23,05	1 690	36,17	217	4,65	1 570	33,60	15	0,32	103	2,21
b) canton Ouest	11 867	9 296	78,33	9 090	204	2 347	25,81	3 451	34,65	385	4,23	2 960	32,55	40	0,44	211	2,32
Total de la 2e circonscription au 1er tour	18 091	14 131	78,11	13 762	367	3 424	24,87	4 841	35,17	602	4,37	4 530	32,91	55	0,40	314	2,28
IIe tour de scrutin du 29 avril 1928. — 2. Wahlgang vom 29. April 1928.																	
2e circonscription **2. Wahlbezirk.**																	
a) canton Sud	6 224	4 757	76,43	4 586	171	—	—	2 058	44,87	2	0,04	2 385	51,99	142	3,10	—	—
b) canton Ouest	11 866	9 186	77,42	8 920	265	—	—	3 954	44,30	7	0,08	4 755	53,27	208	2,33	2	0,02
Total de la 2e circonscription au 2e tour	18 090	13 943	77,08	13 506	436	—	—	6 012	44,49	9	0,07	7 140	52,84	350	2,59	2	0,01

Au premier tour de scrutin, M. Mourer (communiste) a recueilli un tiers des suffrages exprimés, M. Georges Weill (socialiste), député sortant, un peu plus d'un tiers, M. Garcin (Union nationale), un quart et M. Ph. Trebus, conseiler municipal (radical), 2 p. cent du total.

Au 2e tour de scrutin, M. Garcin (Union nationale), M. le Dr Hugel (républicain) et M. Trebus (radical) s'étaient retirés en faveur de M. Georges Weill (soc. S.F.I.O.), député sortant. M. J.-P. Mourer (communiste) l'a emporté en recueillant 53 p. cent du total des voix. M. Georges Weill a obtenu 44,5 p. cent des suffrages. M. J.-P. Mourer a été proclamé député de la 2e circonscription de Strasbourg. Il a eu dans les deux cantons de la circonscription plus de 50 p. cent des suffrages.

Au 2e tour de scrutin, il y eut dans les 2 circonscriptions électorales de la ville de Strasbourg 31 695 bulletins valables. Les candidats J. Peirotes et G. Weill en ont recueilli 15 605 suffrages et les autres 16 091.

Beim 1. Wahlgang erhielt M. Mourer (Kom.) ein Drittel der gültigen Stimmen, M. Georges Weill (Soz.) ausscheid. Abgeordneter, etwas mehr als ein Drittel, M. Garcin (nationale Union) ein Viertel und M. Ph. Trébus, Gemeinderatsmitglied (Rad.) 2 Prozent der Gesamtzahl. Beim 2. Wahlgang haben sich MM. Garcin (nationale Union), Dr. Hugel (Republ.) und M. Trébus (Rad.) zugunsten von M. Georges Weill (Soz.) zurückgezogen. M. J.-P. Mourer (Kom.) hat mit 53 Prozent der gültigen Stimmen gesiegt und ist zum Abgeordneten des 2. Wahlbezirks von Strassburg ausgerufen worden. In beiden Kantonen hatte er über 50 Prozent der Stimmen bekommen.

Beim 2. Wahlgang sind in Strassburg insgesamt 31 695 gültige Stimmen abgegeben worden. Die Kandidaten Peirotes und Weill (Soz.) der Einheitsfront erhielten hiervon 15 605 und die anderen 16 091.

7° Pourcentage des votants au 2e tour de scrutin du 29 avril 1928.

a) *Observations générales.*

Le pourcentage des votants au 2e tour de scrutin a été un peu plus faible qu'au premier tour et s'est élevé pour Strasbourg dans les deux circonscriptions en moyenne à 76,5 p. cent des électeurs inscrits.

b) *Le pourcentage des votants dans les différents quartiers.*

Le pourcentage a atteint au 2e tour de scrutin dans les 4 cantons presque le même chiffre.

Ire circonscription, canton Nord 75,5 p. cent ; canton Est 76,6 p. cent ;

IIe circonscription, canton Ouest 77,4 p. cent ; canton Sud 76,4 p. cent.

Quant aux différents quartiers (intra muros et extra muros) de la ville, on constate le taux plus élevé au Neuhof avec 80,6 p. cent ; en 2e lieu vient Cronenbourg avec 80,1 p. cent ; en 3e Kœnigshoffen avec 78,3 p. cent ; en 4e Gliesberg avec 78 p. cent ; en 5e la Robertsau avec 77,7 p. cent (contre 83,0 p. cent au 1er tour) ; en 6e Neudorf avec 77,5 p. cent (il venait au 1er tour en 3e place) ; en 7e le quartier du Tivoli avec 77 p. cent.

Le pourcentage le plus faible a été observé dans la ville (intra muros) où il n'a atteint que 74,8 p. cent. resp. 75,5 p. cent.

c) *Bulletins non valables.*

Le nombre des bulletins non valables du 2e tour de scrutin est presque le double de celui du 1er tour et s'élève à 1 435 contre 808 au premier tour.

2,36 p. cent des bulletins n'ont pas été valables.

7. Wahlbeteiligung beim 2. Wahlgang am 29. April 1928.

a) *Allgemeines.*

Die Wahlbeteiligung war beim 2. Wahlgang etwas schwächer und betrug für Strassburg (beide Wahlbezirke) im Mittel 76,5 %.

b) *Die Wahlbeteiligung in den einzelnen Stadtteilen.*

Die Wahlbeteiligung war auch beim 2. Wahlgang in fast allen 4 Kantonen die gleiche.

1. Wahlbezirk: Kanton Nord 75,5 % und Ost 76,6 % ;

2. Wahlbezirk: Kanton West 77,4 % und Süd 76,4 %.

Nach den einzelnen Wohnvierteln betrachtet (Innenstadt und Vororte), hat beim 2. Wahlgang der Vorort Neuhof die stärkste Beteiligung mit 80,6 % aufzuweisen; nachdem folgt Kronenburg mit 80,1 % ; an 3. Stelle Königshofen mit 78,3 % ; an 4. Gliesberg mit 78 % ; an 5. die Ruprechtsau, die beim ersten Wahlgang mit 83% an der Spitze marschierte mit 77,7 %, ; dann folgt an 6. Stelle Neudorf mit 77,5 % und an 7. das Tivoliviertel mit 77 %.

Am schwächsten war die Wahlbeteiligung im Stadtinnern selbst, wo dieselbe nur 74,8 % bezw. 75,5 % erreichte.

c) *Ungültige Stimmen.*

Die Zahl der ungültigen Stimmen ist im Verhältnis zu derjenigen des 1. Wahlgang fast auf das doppelte gestiegen und betrug 1 435 (gegen 808) oder 2,36 % der abgegebenen Stimmen.

8° Les résultats du deuxième tour de scrutin du 29 avril 1928.

(Journ. Off., Déb. parl., 3 juin 1928, page 1.851)

Le deuxième tour de scrutin a donné les résultats suivants :

1re circonscription

Nombre des votants	19.190
Bulletins blancs et nuls à déduire	997
Suffrages exprimés	18.193

Ont obtenu

8. Die Wahlergebnisse des 2. Wahlgangs am 29. April 1928.

(Journ. Off., Déb. parl., 3. Juni 1928, Seite 1851)

Der 2. Wahlgang hat folgende Resultate ergeben :

1. *Wahlbezirk*

Abgegebene Stimmen	19.190
Ungültige und weisse Zettel und daher abzuziehen	997
Gültige Stimmen	18.193

Es erhielten :

MM. Peirotes Jacq. (soc. S. F. I. O.)	9.593	voix — Stimmen
Haas Ernest (communiste)	6.995	»
Schall Paul (autonomiste)	1.602	»
Oesinger (radical)	3	»

M. Peirotes Jacques, ayant obtenu le plus grand nombre de suffrages, a été proclamé député de la 1re circonscription de Strasbourg-Ville.

2e circonscription.

Nombre des votants	13.949
Bulletins blancs et nuls à déduire	435
Suffrages exprimés	13.514

Ont obtenu

H. Peirotes Jacques hat die meisten Stimmen erhalten und ist als Député des 1. Wahlbezirks von Strassburg-Stadt proklamiert worden.

2. *Wahlbezirk*

Abgegebene Stimmen	13.949
Ungültige oder weisse Zettel und daher abzuziehen	435
Gültige Stimmen	13.514

Es erhielten

MM. Mourer J.-P. (communiste)	7.140	voix — Stimmen
Weill Georges (soc. S. F. I. O.)	6.013	»
Baumann Ch. (indépendant)	350	»
Dr Hugel (rép. de gauche)	9	»
Trebus Phil. (radical)	2	»

M. Mourer J.-P. ayant obtenu le plus grand nombre de suffrages, a été proclamé député de la 2e circonscription de Strasbourg-Ville.

H. Mourer J.-P. erhielt die meisten Stimmen und ist als Député des 2. Wahlbezirks von Strassburg-Stadt proklamiert worden.

JEAN-PIERRE MOURER

DÉPUTÉ DE STRASBOURG (2e circonscription)

Abgeordneter von Strassburg (2. Wahlbezirk).

9° Diagrammes de la répartition des suffrages exprimés suivant les partis politiques en 1919, en 1924 et en 1928.

9. Graphische Darstellungen der Stimmenverteilung zwischen den politischen Parteien bei den Kammerwahlen 1919, 1924 und 1928.

Forces respectives des partis politiques révélées par les élections.

Stärkeverhältnisse der politischen Parteien nach den Wahlergebnissen.

---

a) Elections législatives de 1919 et 1924 (scrutin de liste départementale: 9 députés à élire).

Kammerwahlen von 1919 und 1924 (Listenwahl: 9 Abgeordnete sind zu wählen auf einer Bezirksliste.)

(*Les chiffres indiquent le pourcentage des voix obtenues par chaque parti.*)

(Die Ziffern geben den Prozentsatz der von jeder Partei erhaltenen Stimmen an.)

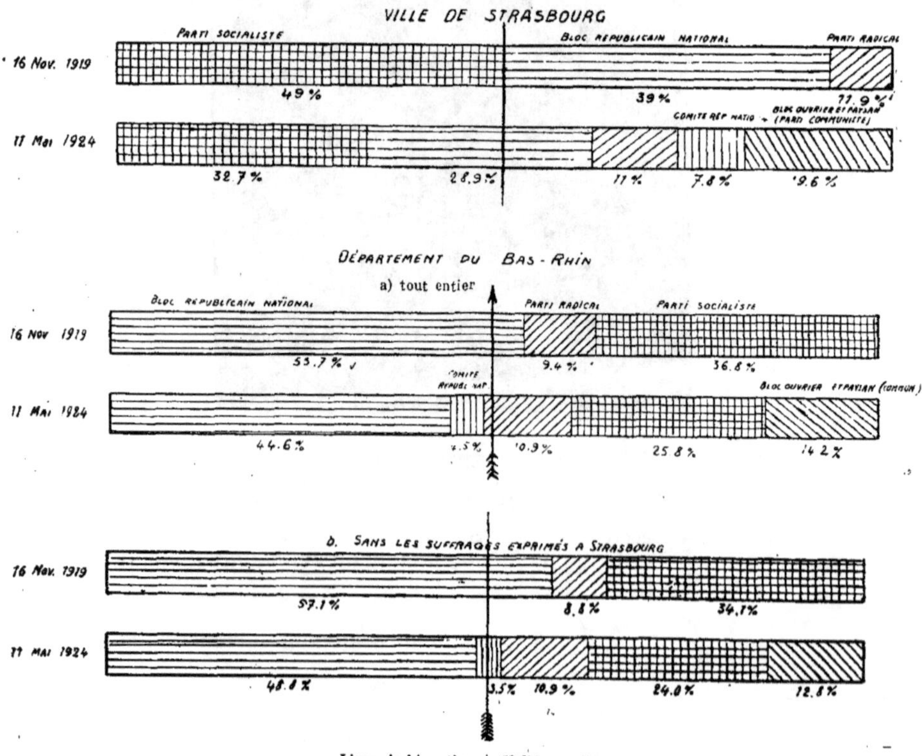

Ligne de bissection | Halbierungslinie.

Les différents quartiers de la ville de Strasbourg. - Die Stadtteile Strassburgs.

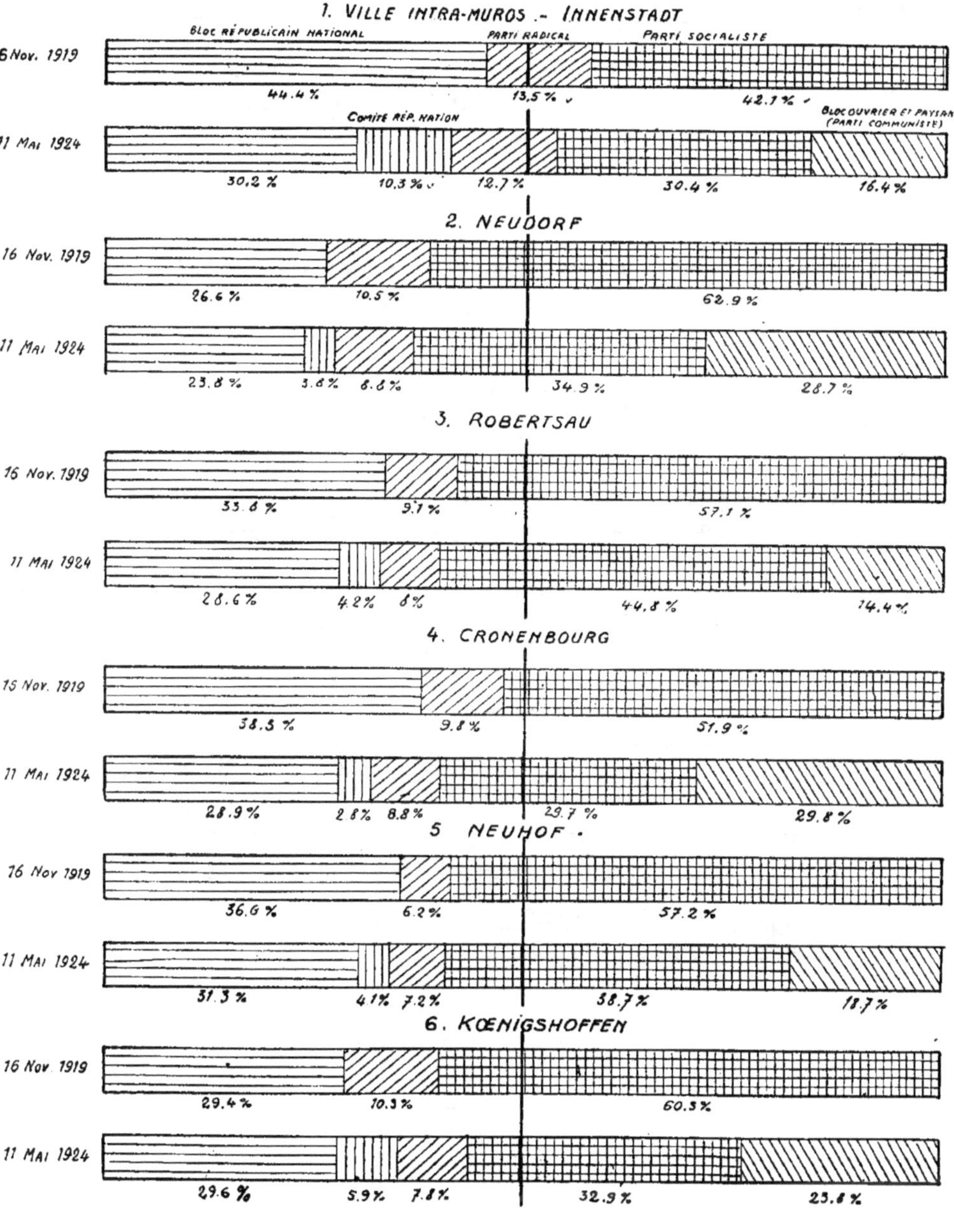

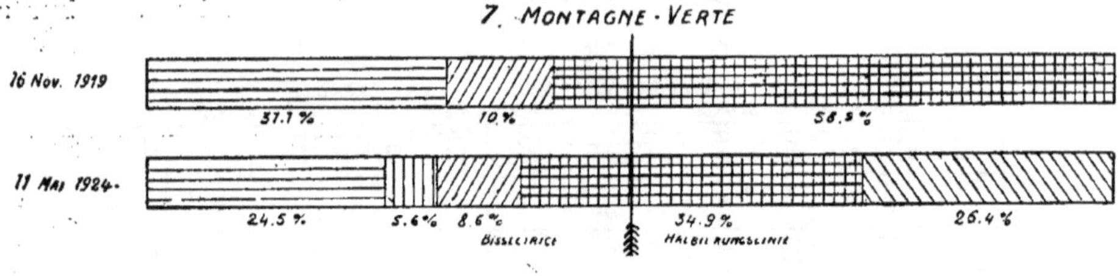

b) **Elections législatives de 1928. — Scrutin uninominal.**

1) Répartition des suffrages par canton et circonscription.

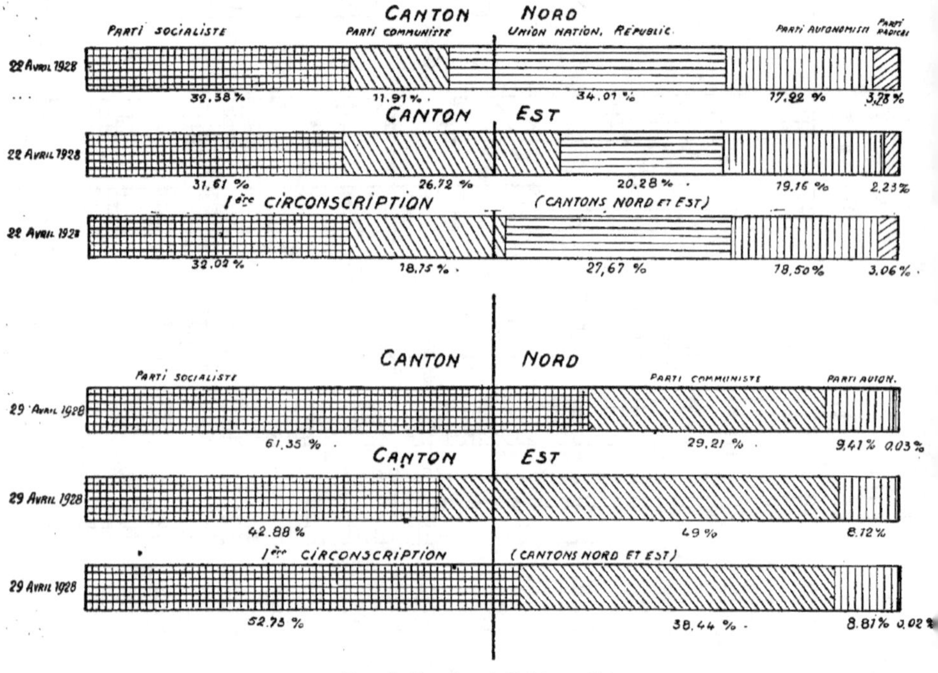

Ligne de bissection | Halbierungslinie

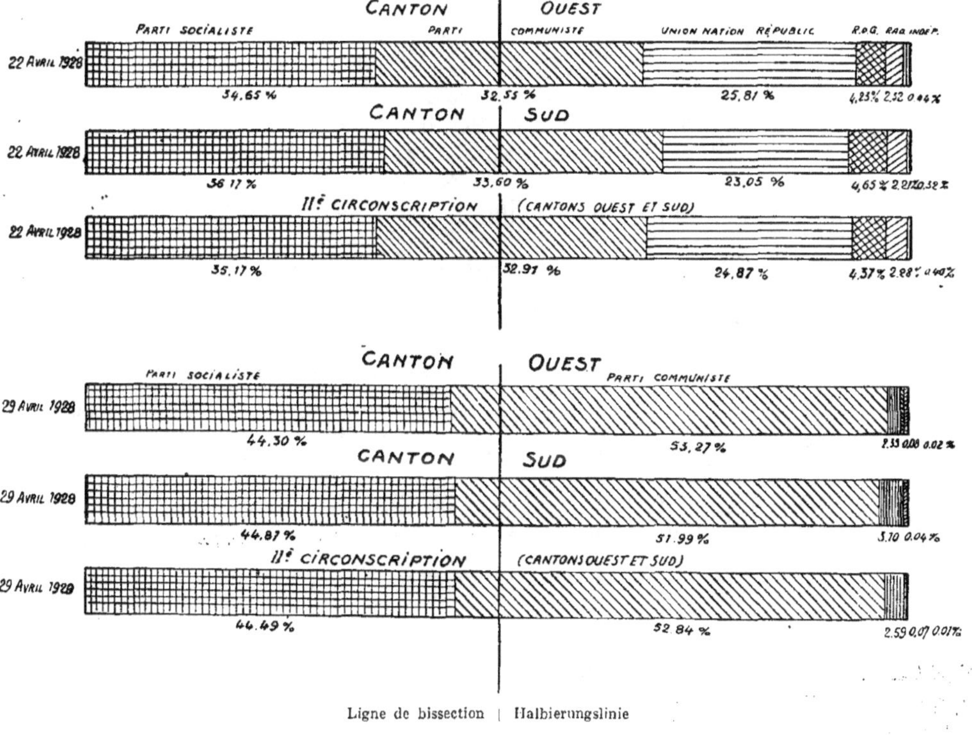

Ligne de bissection | Halbierungslinie

2) Répartition des suffrages par quartier.

Ire Circonscription (cantons Nord et Est)

1. VILLE INTRA MUROS - INNENSTADT

PARTI SOCIALISTE · PARTI COMMUNISTE · UNION NATION. RÉPUBLIC. · PARTI AUTONOMISTE · RADICAL

22 AVRIL 1928 — 30.65 % · 14.50 % · 32.42 % · 18.54 % · 3.85 %

2. ROBERTSAU

22 AVRIL 1928 — 38.40 % · 19.26 % · 25.46 % · 14.80 % · 2.08 %

3. QUARTIER TIVOLI

PARTI SOCIALISTE · PART. COMMUN. · UNION NATION RÉPUBLIC. · PARTI AUTONOMISTE · RADICAL

22 AVRIL 1928 — 30.75 · 7.26 % · 36.74 % · 21.78 % · 3.47 %

4. NEUDORF

22 AVRIL 1928 — 32.11 % · 27.40 % · 18.80 % · 19.80 % · 1.89 %

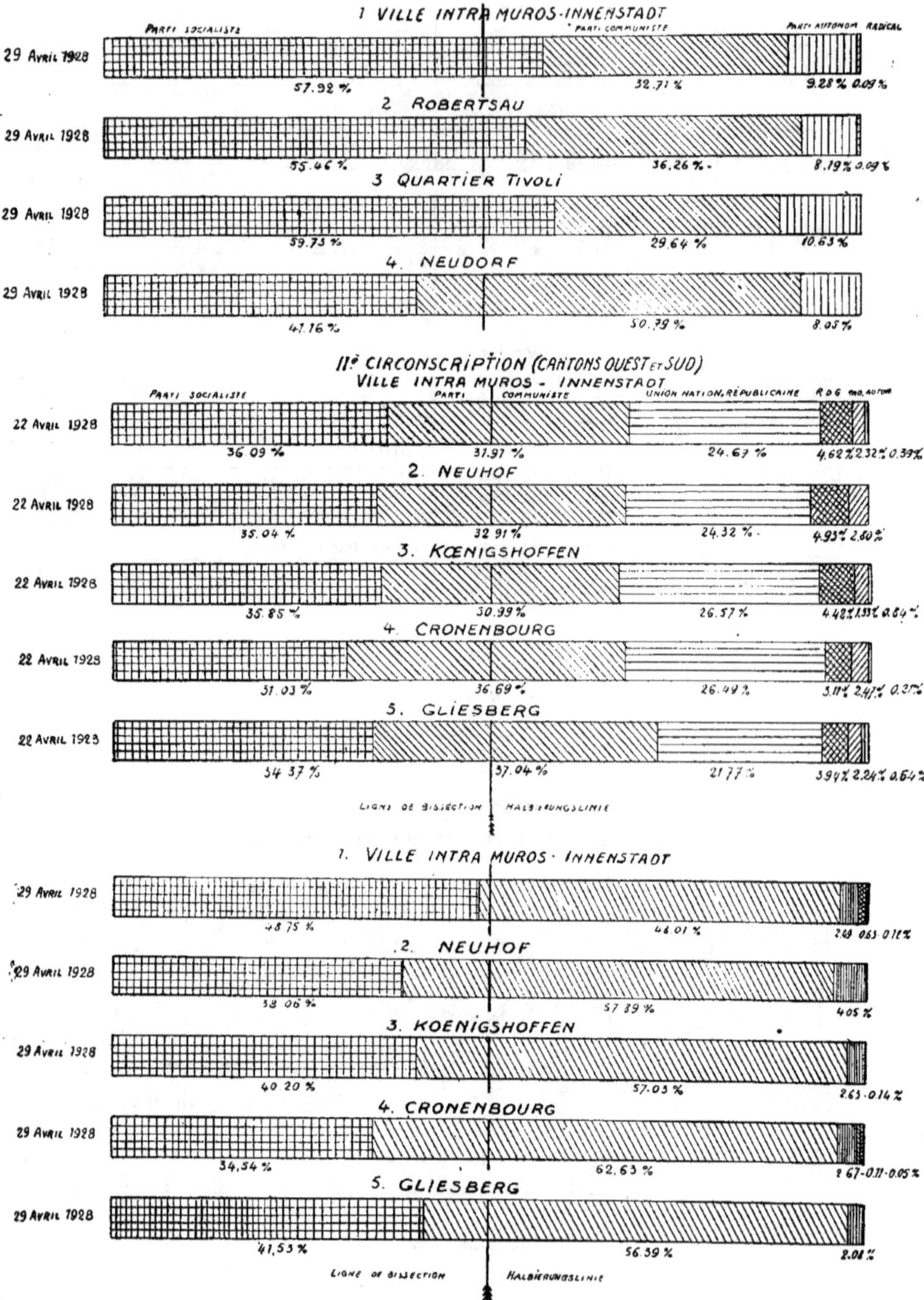
1 VILLE INTRA MUROS-INNENSTADT
PARTI SOCIALISTE
PARTI COMMUNISTE
PARTI AUTONOM
RADICAL
29 AVRIL 1928
57.92 %
32.71 %
9.28 % 0.09 %
2 ROBERTSAU
29 AVRIL 1928
55.46 %
36,26 %
8.19 % 0.09 %
3 QUARTIER TIVOLI
29 AVRIL 1928
59.73 %
29.64 %
10.63 %
4. NEUDORF
29 AVRIL 1928
41.16 %
50.79 %
8.05 %
IIe CIRCONSCRIPTION (CANTONS OUEST ET SUD)
VILLE INTRA MUROS - INNENSTADT
PARTI SOCIALISTE
PARTI COMMUNISTE
UNION NATION. RÉPUBLICAINE
R D G
22 AVRIL 1928
36.09 %
31.97 %
24.67 %
4.62 % 2.32 % 0.39 %
2. NEUHOF
22 AVRIL 1928
35.04 %
32.91 %
24.32 %
4.93 % 2.60 %
3. KŒNIGSHOFFEN
22 AVRIL 1928
35.85 %
30.99 %
26.57 %
4.42 % 1.33 % 0.84 %
4. CRONENBOURG
22 AVRIL 1928
31.03 %
36.69 %
26.49 %
3.11 % 2.41 % 0.27 %
5. GLIESBERG
22 AVRIL 1928
34 37 %
37.04 %
21 77 %
3.94 % 2.24 % 0.64 %
LIGNE DE BISSECTION
HALBIERUNGSLINIE
1. VILLE INTRA MUROS · INNENSTADT
29 AVRIL 1928
48 75 %
48.01 %
2.49 0.65 0.12 %
2. NEUHOF
29 AVRIL 1928
38 06 %
57 89 %
4.05 %
3. KOENIGSHOFFEN
29 AVRIL 1928
40.20 %
57.03 %
2.63 · 0.14 %
4. CRONENBOURG
29 AVRIL 1928
34,54 %
62.63 %
2 67 · 0.11 · 0.05 %
5. GLIESBERG
29 AVRIL 1928
41,53 %
56.39 %
2.08 %
LIGNE DE BISSECTION
HALBIERUNGSLINIE

c) 1° Résultats combinés des deux circonscriptions de Strasbourg aux élections à la Chambre des députés de 1928.

Stimmenverteilung auf die einzelnen politischen Parteien der beiden Strassburger Wahlbezirke bei den Kammerwahlen von 1928.

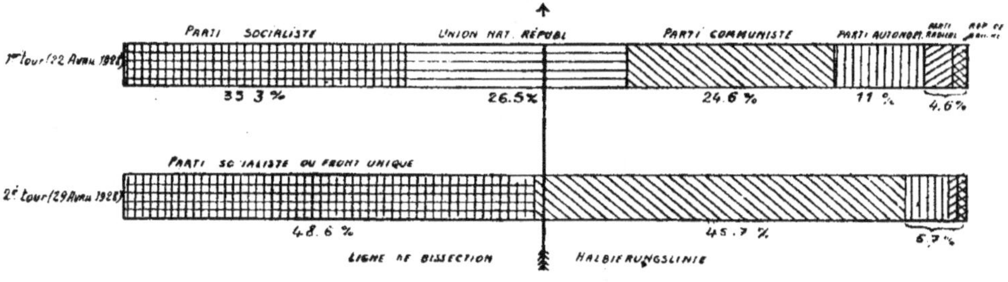

2° Aux élections à la Chambre des députés de 1919 et 1924.

(Scrutin de liste.)

VILLE DE STRASBOURG.

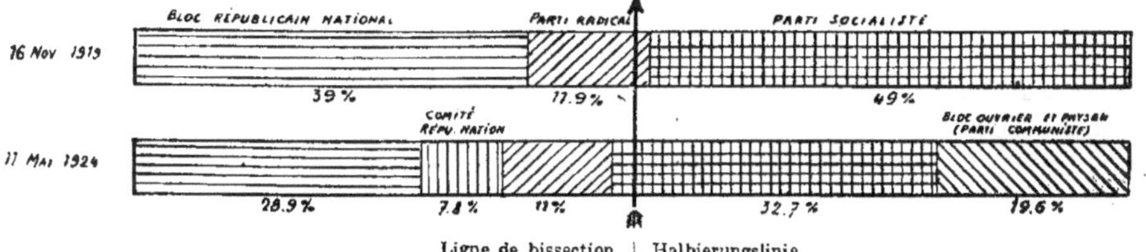

Ligne de bissection | Halbierungslinie

10° Forces respectives des partis politiques à Strasbourg

révélées par les taux des suffrages recueillis aux élections législatives d'avril 1928.

Stärkeverhältnisse der politischen Parteien in Strassburg,
nach den Ergebnissen der Kammerwahlen vom April 1928 berechnet.

a) 1re circonscription électorale: cantons Nord et Est.

1. Wahlbezirk: Kantone Nord und Ost.

1er *tour.* — 1. *Wahlgang.*

	Canton Nord % du total des suffrages exprimés Prozent der Gesamtzahl der gültigen Stimmen	**Canton Est** % du total des suffrages exprimés Prozent der Gesamtzahl der gültigen Stimmen	**Ensemble de la Ire circonscription** 1. Wahlbezirk insgesamt % du total des suffrages exprimés. Prozent der Gesamtzahl der gültigen Stimmen
Parti socialiste Sozialistische Partei	32,4	31,6	32,0
Union nationale (U. P. R. et parti démocrat.)	34,0	20,3	27,7
Parti autonomiste Unabhängige Landespartei	18,0	19,1	18,5
Parti communiste (Bloc ouvrier et paysan) Kommunistische Partei	12,0	26,7	18,7
Parti radical Radikale Partei	3,8	2,2	3,0

2e *tour.* — 2. *Wahlgang.*

	Canton Nord	Canton Est	Ensemble de la Ire circonscription
Parti socialiste	61,3	43,0	52,7
Parti communiste	29,2	49,0	38,4
Parti autonomiste	9,4	8,1	8,8

b) 2e circonscription électorale: cantons Ouest et Sud.

2. Wahlbezirk: Kantone West und Süd.

1er *tour.* — 1. *Wahlgang.*

	Canton Ouest	**Canton Sud**	**Ens. de la IIe circ.** Der gesamte 2. Wahlbezirk
Parti communiste	32,6	33,6	33,0
Parti socialiste	34,6	36,2	35,2
Union nationale	25,8	23,0	24,8
Parti radical	2,3	2,2	2,3
Divers	5,0	5,0	5,0

2. *tour.* — 2. *Wahlgang.*

	Canton Ouest	Canton Sud	Ens. de la IIe circ.
Parti communiste	53,3	52,0	53,0
Parti socialiste	44,3	45,0	44,5

Au 2e tour de scrutin, les candidats de l'Union nationale, du parti radical et le radical indépendant s'étaient retirés dans les 2 circonscriptions électorales de Strasbourg en faveur des candidats socialistes.

Im 2. Wahlgang hatten sich die Kandidaten der Union nationale, der radikalen Partei sowie der unabhängige Radikale in beiden Wahlbezirken von Strassburg zu Gunsten der sozialistischen Kandidaten zurückgezogen.

c) *La ville de Strasbourg entière avec les résultats réunis des 2 circonscriptions électorales.*

c) *Die ganze Stadt Strassburg mit den vereinigten Ergebnissen der beiden Wahlbezirke.*

Si nous réunissons, à titre documentaire, les résultats des 2 circonscriptions électorales de Strasbourg pour avoir une vue d'ensemble sur les forces respectives des partis politiques de toute la ville, révélées par les élections législatives d'avril 1928, nous obtenons les taux suivants au 1er tour de scrutin où les partis politiques ont tous proposé des candidats :

Wenn man die Resultate der beiden Wahlbezirke von Strassburg in bezug der Stimmenverteilung auf die einzelnen politischen Parteien bei den Kammerwahlen vom April 1928 zusammenfasst, so erhält man folgende Ergebnisse bezw. Prozentsätze beim 1. Wahlgang vom 22. April 1928, wo alle politischen Parteien Kandidaten aufgestellt hatten :

1er tour de scrutin. — 1. Wahlgang.

	% des suffrages exprimés Prozent der gültigen Stimmen
Parti socialiste Sozialistische Partei	33,3
Union nationale (U. P. R. et parti démocr.)	26,5
Parti communiste Kommunistische Partei	24,6
Parti autonomiste Autonomistische Partei	11,0
Parti radical Radikale Partei	2,7
Autres Verschiedene	1,9

Notons qu'aux élections législatives du 11 mai 1924 la répartition des suffrages était à Strasbourg la suivante :

Bei den Kammerwahlen vom 11. Mai 1924 war die Stimmenverteilung folgende :

	% des suffrages exprimés Prozent der gültigen Stimmen
1. Parti socialiste Sozialistische Partei	32,7
2. Union nationale ou bloc rép. nat. Union nationale (U. P. R. u. demokratische Partei)	28,9
3. Parti communiste Kommunistische Partei	19,6
4. Parti radical Radikale Partei	11,0
5. Comité républicain national	7,8

Elections à la Chambre des députés de 1928. — Kammerwahlen 1928.

11° Les résultats dans l'arrondissement de Strasbourg-Campagne (par communes et cantons).

Die Wahlergebnisse im Kreis Strassburg-Land (nach Gemeinden und Kantonen).

(Les chiffres du 2e tour sont en italiques — Die Ziffern des 2. Wahlgangs sind in Kursivschrift.)

Commune	Nombre d'habitants (population en 1926)* Einwohnerzahl	dont cath.	prot.	israél.	autres ou sans désign.	Electeurs inscrits Eingeschr. Wähler	Nombre des votants Zahl der abgegeb. Stimmen	Bulletins valables Gültige Stimmzettel	Ch. Huber communiste	Ch. Frey démocrate Union nat.	J. Fonlupt rép. indép.	L. Kossler socialiste
1.— Canton de Brumath.												
Bernolsheim	310	300	—	—	1	88	82	81	2	62	16	1
Bietlenheim	125	2	123	—	—	36	35	35	12	13	10	—
Bilwisheim	268	268	—	—	—	89	82	82	7	66	8	1
Brumath	5 743	2 633	2 863	202	45	1 338	1 121	1 103	387	353	224	138
Donnenheim	151	151	—	—	—	40	38	38	6	20	12	—
Eckwersheim	795	76	704	15	—	255	215	205	90	41	39	35
Gambsheim	2 320	2 267	53	—	—	726	629	615	220	226	146	23
Geudertheim	1 233	237	993	—	3	374	327	319	147	78	70	24
Gries	1 774	582	1 190	—	2	538	380	367	176	97	60	34
Hœrdt	3 043	767	2 229	16	31	810	635	624	323	150	79	72
Kilstett	933	913	1	—	19	305	273	269	39	200	29	1
Krautwiller	144	4	140	—	—	51	51	51	21	21	7	2
Kriegsheim	346	346	—	—	—	100	95	95	1	87	7	—
Kurtzenhausen	587	86	501	—	—	163	136	135	58	64	4	9
Mittelschæffolsheim	258	258	—	—	—	76	74	74	—	64	7	3
Mommenheim	1 172	965	42	165	—	362	314	305	34	131	124	16
Olwisheim	334	26	308	—	—	113	93	91	10	21	40	20
Rottelsheim	202	198	4	—	—	58	50	50	2	47	1	—
Vendenheim	1 684	484	1 155	17	28	536	448	439	207	92	90	50
Wantzenau (La)	2 588	2 526	60	—	2	844	694	663	158	389	95	21
Weyersheim	2 119	2 109	10	—	—	634	558	532	177	256	87	12
Total : 1er tour						7 536	6 330	6 173	2 077	2 478	1 155	462
2e *tour*						*7 536*	*6 429*	*6 235*	*2 622*	*3 609*	—	—
Pourcentage du 1er tour							84,—	97,52	33,65	40,15	18,71	7,49
» 2e *tour*							*85,30*	*96,98*	*42,08*	*57,92*	—	—
2.— Canton de Hochfelden.												
Alteckendorf	646	5	641	—	—	218	177	172	69	66	30	7
Bossendorf	322	322	—	—	—	87	75	73	3	25	45	—
Duntzenheim	551	—	551	—	—	178	166	164	34	68	44	18
Ettendorf	747	735	8	—	4	211	193	187	16	71	99	1
Friedolsheim	289	288	1	—	—	68	53	51	—	31	20	—
Geiswiller	206	1	205	—	—	65	57	54	19	17	17	1
Gingsheim	288	287	1	—	—	92	84	82	7	36	39	—
Grassendorf	235	235	—	—	—	74	66	64	5	47	12	—
Hochfelden	2 517	2 141	221	154	1	775	653	634	124	325	159	26
Hohatzenheim	174	148	25	—	1	59	53	51	6	30	14	1
Hohfrankenheim	281	8	273	—	—	91	77	77	44	11	20	2
Ingenheim	456	12	444	—	—	143	105	103	67	25	6	4
Issenhausen	102	—	102	—	—	34	34	33	15	11	4	3
Lixhausen	268	268	—	—	—	75	66	64	1	59	4	—
Melsheim	493	60	433	—	—	146	74	71	31	19	19	2
Minversheim	565	561	—	4	—	171	163	162	4	115	43	—
Mittelhausen	532	9	523	—	—	176	153	153	92	24	32	5
Mutzenhouse	248	242	6	—	—	73	65	63	3	53	7	—
Ringeldorf	105	101	4	—	—	32	28	28	—	18	10	—
Ringendorf	472	3	442	26	1	161	135	127	67	43	11	6
Sæssolsheim	591	591	—	—	—	157	152	150	6	110	33	1
Schaffhausen	330	298	1	31	—	103	98	97	6	61	29	1
Scherlenheim	149	149	—	—	—	42	38	38	2	25	10	1
Schwindratzheim	1 054	152	893	8	1	344	268	261	164	47	37	13
Waltenheim-sur-Zorn	586	96	484	6	—	186	148	147	76	19	41	11
Wickersheim	351	5	346	—	—	125	101	96	36	30	25	5
Wilshausen	114	—	114	—	—	37	34	34	12	11	11	—
Wilwisheim	472	472	—	—	—	143	134	128	6	92	28	2
Wingersheim	1 001	922	10	69	—	283	263	254	31	125	90	8
Zœbersdorf	174	1	173	—	—	47	33	32	13	12	7	—
Total : 1er tour						4 396	3 746	3 650	959	1 626	946	118
2e *tour*							*3 805*	*3 676*	*1 201*	*2 471*	—	—
Pourcentage du 1er tour							85,21 %	97,44 %	26,28 %	44,56 %	25,93 %	3,23 %
» 2e *tour*							*86,55 %*	*96,61 %*	*32,71 %*	*67,29 %*	—	—

* Résultats du recensement du 7 mars 1926.
Ergebnisse der Volkszählung vom 7. März 1926.

Commune	Nombre d'habitants (population en 1926) Einwohnerzahl	dont cath.	prot.	israél.	autres ou sans désign.	Electeurs inscrits Eingeschr. Wähler	Nombre des votants Zahl der abgegeb. Stimmen	Bulletins valables Gültige Stimmzettel	Ch. Hueber communiste	Ch. Frey démocrate Union nat.	J. Fonlupt rép. indép.	L. Koessler socialiste
3.— Canton de Schiltigheim.												
Achenheim	921	858	27	—	36	266	231	228	57	107	61	3
Bischheim	10 240	3 742	3 276	189	3 033	2 985	2 535	2 494	1 053	514	323	604
Breuschwickersheim	593	17	576	—	—	189	144	142	63	62	13	4
Eckbolsheim	2 351	1 253	1 071	1	26	761	568	558	262	174	63	59
Hangenbieten	651	370	281	—	—	198	154	153	57	65	23	8
Hœnheim	2 611	1 915	565	21	107	739	637	631	234	204	101	92
Ittenheim	842	15	824	—	3	272	203	199	122	25	48	4
Kolbsheim	511	81	376	54	—	168	129	128	47	37	25	19
Lampertheim	906	224	678	—	4	280	225	218	118	54	36	10
Mittelhausbergen	312	20	292	—	—	110	96	95	39	9	39	8
Mundolsheim	773	99	670	—	4	255	216	209	117	49	24	19
Niederhausbergen	464	30	434	—	—	137	112	111	57	32	15	7
Oberhausbergen	829	85	737	—	7	259	212	205	111	45	27	22
Oberschæffolsheim	1 145	1 083	32	29	1	373	304	301	111	135	38	17
Reichstett	1 306	1 296	5	—	5	410	346	328	124	63	134	7
Schiltigheim	19 226	9 100	5 990	63	4 073	5 968	5 113	4 984	2 041	977	848	1 113
Souffelweyersheim	1 289	1 205	58	—	26	388	328	320	97	116	90	17
Wolfisheim	1 145	332	687	125	1	353	294	285	127	114	22	22
Total : 1er tour						14 111	11 847	11 589	4 837	2 782	1 930	2 035
2e *tour*							*11 702*	*11 288*	*6 061*	*5 223*	—	—
Pourcentage du 1er tour							83,96 %	97,82 %	41,76 %	24,01 %	16,66 %	17,57 %
» 2e *tour*							*82,93 %*	*96,46 %*	*53,71 %*	*46,29 %*	—	—

Commune	Einwohnerzahl	cath.	prot.	israél.	autres ou sans désign.	Electeurs inscrits	Nombre des votants	Bulletins valables	Ch. Hueber	Ch. Frey	J. Fonlupt	L. Koessler
4.— Canton de Truchtersheim.												
Avenheim	190	190	—	—	—	47	44	43	—	25	17	1
Behlenheim	176	175	1	—	—	46	46	44	2	4	37	1
Berstett	587	13	574	—	—	179	138	136	35	71	12	18
Dingsheim	413	409	—	—	4	144	127	124	19	88	16	1
Dossenheim-Kochersberg	119	111	8	—	—	32	30	30	—	26	4	—
Durningen	323	323	—	—	—	102	95	94	3	64	27	—
Fessenheim-le-Bas	279	274	5	—	—	81	76	76	5	55	16	—
Fürdenheim	612	17	595	—	—	207	177	177	68	56	9	44
Gimbrett	320	5	315	—	—	105	87	87	34	20	18	15
Gougenheim	411	411	—	—	—	140	136	135	4	67	63	1
Griesheim-sur-Souffle	337	332	5	—	—	98	90	89	2	56	30	1
Handschuhheim	180	3	177	—	—	61	49	49	10	32	5	2
Hurtigheim	447	12	435	—	—	143	119	117	55	40	19	3
Ittlenheim	159	159	—	—	—	45	42	42	—	37	5	—
Kienheim	199	197	2	—	—	47	40	40	2	28	10	—
Kleinfrankenheim	164	164	—	—	—	46	45	45	—	27	18	—
Kuttolsheim	506	471	2	33	—	157	135	132	15	49	60	8
Neugartheim	173	173	—	—	—	53	50	50	2	30	18	—
Offenheim	217	212	5	—	—	73	66	66	11	35	19	1
Osthoffen	515	485	6	24	—	158	147	147	23	49	74	1
Pfettisheim	414	414	—	—	—	117	108	107	1	81	25	—
Pfulgriesheim	374	39	335	—	—	123	93	92	12	51	25	4
Quatzenheim	573	32	460	81	—	174	142	141	51	26	36	28
Reitwiller	385	4	381	—	—	114	78	75	27	29	16	3
Rohr	261	260	1	—	—	71	63	62	—	35	25	2
Rumersheim	256	256	—	—	—	76	73	72	1	64	7	—
Schnersheim	403	400	2	—	1	118	108	108	—	85	22	1
Stutzheim	278	269	9	—	—	80	73	73	13	42	17	1
Truchtersheim	668	639	29	—	—	191	177	173	26	97	40	10
Willgottheim	600	595	5	—	—	187	175	175	10	81	82	2
Wintzenheim-Kochersberg	324	86	227	11	—	102	86	86	25	25	13	23
Wiwersheim	252	247	3	—	2	74	67	67	1	36	29	1
Wœllenheim	64	64	—	—	—	16	13	13	1	7	5	—
Total : 1er tour						3 407	2 995	2 967	458	1 518	819	172
2e *tour*							*3 034*	*2 961*	*653*	*2 308*	—	—
Pourcentage du 1er tour							87,91 %	99,06 %	15,44 %	51,16 %	27,60 %	5,80 %
» 2e *tour*							*89,05 %*	*98,86 %*	*22,05 %*	*77,95 %*	—	—

Récapitulation:

Canton de:	Electeurs inscrits Eingeschr. Wähler	Nombre des votants Zahl der abgegeb. Stimmen	Bulletins valables Gültige Stimmzettel	**Ch. Hueber** communiste	**Ch. Frey** démocrate Union nat.	**J. Fonlupt** rép. indép.	**L. Koessler** socialiste
Brumath	7 536	6 330	6 173	2 077	2 478	1 155	462
Hochfelden	4 396	3 746	3 650	959	1 626	946	118
Schiltigheim	14 111	11 847	11 589	4 837	2 782	1 930	2 035
Truchtersheim	3 407	2 995	2 967	458	1 518	819	172
Total de la circonscription							
Total: 1er tour	29 450	24 918	24 379	8 331	8 404	4 850	2 787
2e tour		*24 970*	*24 160*	*10 537*	*13 611*	—	—
Pourcentage du 1er tour		84,61 %	97,84 %	34,18 %	34,48 %	19,90 %	11,44 %
» 2e tour		*84,79 %*	*96,75 %*	*43,63 %*	*56,37 %*	—	—

Ont en outre obtenu:

MM. Heil .... **9** voix

Zillhardt .... **2** »

Weber .... **1** »

Elu: M. Frey Charles.

12° Suffrages recueillis par les différents partis politiques dans toutes les circonscriptions du Bas-Rhin:

Stimmenverteilung auf die verschiedenen politischen Parteien in sämtlichen Wahlbezirken des Bas-Rhin:

Circonscription de: Wahlbezirk	Suffrages exprimés Abgegebene Stimmen	U. P. R.	Parti commun.	Parti socialiste	Union nat. républicaine (Parti dém. et U. P. R.)	Parti indép. régional (Auton.)	Parti progress. als.	Parti radical	Divers		Observations
Erstein *	16.490	9.227	3.340	2.393	—	—	...	1.530	—	—	*Seulement un tour, les candidats ayant réuni un nombre de voix au moins égal à la majorité absolue des suffrages exprimés et supérieur au quart des électeurs inscrits. *Nur ein Wahlgang, weil die gewählten Kandidaten gleich die absolute Mehrheit erreicht und eine Stimmenzahl haben, die höher ist als ein Viertel der eingeschriebenen Wähler.
Haguenau	17.556	7.108	2.504	2.092	—	5.853	—	—	—	—	
Molsheim	16.003	7.972	2.145	2.095	—	1.042	—	—	2.749	—	
Saverne	19.282	—	3.143	1.101	7.883	—	6.271	884	—	—	
Sélestat *	15.772	8.687	1.631	5.454	—)	—	—	—	—	—	
Strasbourg-Campagne	24.379	—	8.331	2.787	8.404	4.850	—	—	—	—	
Strasbourg-Ville I	19.650	—	3.684	6.293	5.437	3.634	...	602	—	—	
Strasbourg-Ville II	13.766	—	4.530	4.841	3.424	55	...	314	602	—	
Wissembourg	12.687	5.853	1.951	2.348	—	—	...	—	2.535	—	
Total du 1er tour du 22 avril 1928	155.585	38.847 24,97 %	31.259 20,10 %	29.404 18,90 %	25.148 16,16 %	15.434 9,92 %	6.271 4,03 %	3.330 2,14 %	5.886 3,78 %	—	
Erstein	—	—	—	—	—	—	—	—	—	—	
Haguenau	14.156	8.248	5.908	—	—	—	...	—	—	—	
Molsheim	14.740	9.206	560	—	—	51	—	—	4.923	—	
Saverne	20.271	—	86	·	9.228	·	10.957	—	—	—	
Sélestat	—	·	—	·	—	...	...	—	...	—	
Strasb.-Campagne	24.160	·	10.537	·	13.611	·	—	—	12	—	
Strasbourg-Ville I	18.193	·	6.995	9.593	—	1.602	...	—	3	...	
Strasbourg-Ville II	13.514	·	7.140	6.013	·	350	·	2	9	—	
Wissembourg	12.252	7.041	2.048	3.020	...	131	—	—	12	—	
Total du 2e tour du 29 avril 1928	117.286	24.495 20,89 %	33.274 28,38 %	18.626 15,88 %	22.839 19,47 %	2.134 1,82 %	10.957 9,34 %	2	4.959 4,22 %	—	

13° 1) Suffrages recueillis par les différents partis politiques dans toutes les circonscriptions du Bas-Rhin en 1928.

Stimmenverteilung auf die verschiedenen politischen Parteien von sämtlichen Wahlbezirken des Bas-Rhin.

Diagrammes — Graphische Darstellungen

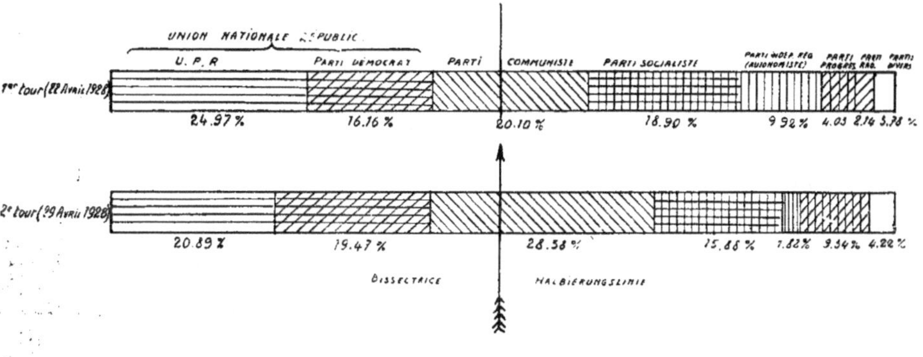

2) Aux élections de 1919 et 1924 — Bei den Wahlen von 1919 und 1924.

Département du Bas-Rhin

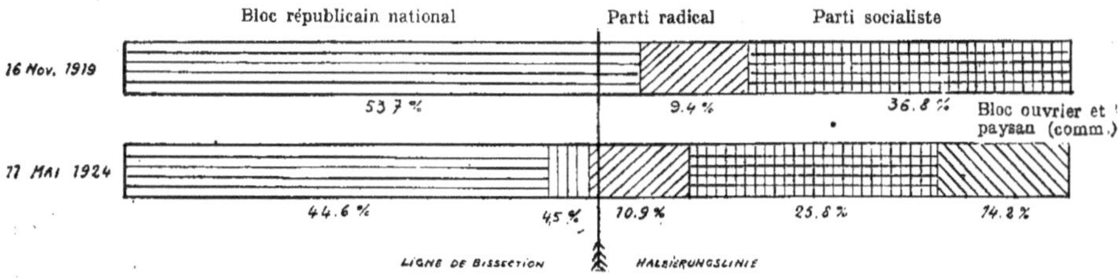

14° **Forces respectives des partis politiques** dans l'ensemble du département du Bas-Rhin, révélées par les résultats des élections législatives d'avril 1928, de 1919 et de 1924.

Stärkeverhältnisse der politischen Parteien im gesamten Bezirk Unter-Elsass, auf Grund der Ergebnisse der Kammerwahlen von 1928, 1919 und 1924 berechnet.

Taux des suffrages recueillis en % du total par le parti. — Prozentsätze der erhaltenen gültigen Stimmen durch die einzelnen politischen Parteien gegenüber der Gesamtzahl :

Date de l'élection Datum der Wahl	1. Union Nationale U.P.R. et Parti démocr.		2. Parti communiste	3. Parti socialiste	4. Parti autonomiste (Unabhäng. Landespartei)	5. Parti progressiste (Fortschrittspartei)	6. Parti radical	Divers
	%	%	%	%	%	%	%	%
22. 4. 1928 1er tour de scrutin .. 1. Wahlgang	24,97	16,16	20,10	18,90	9,92	4,03	2,14	3,78
	41,13							
29. 4. 1928 2e tour de scrutin .. 2. Wahlgang	20,89	19,47	28,38	15,88	1,82	9,34	—	4,22 Comité républicain national
	40,36							
11. 5. 1924 scrutin de liste .... Listenwahl	44,6		14,2	25,8	—	—	10,9	4,5
16. 11. 1919 scrutin de liste .... Listenwahl	53,7		36,8		—	—	9,4	—

15° Les résultats sommaires dans les autres arrondissements des 3 départements du Bas-Rhin, Haut-Rhin et de la Moselle.

Ergebnisse in den anderen Kreisen Elsass und Lothringens.

Chiffres du 2e tour en caract. italiques — Zahlen vom 2. Wahlgang in Kursiv-Ziffern.

Les chiffres indiqués ci-dessous sont ceux des rapports de validation des élections à la Chambre des députés. (Journal Officiel du 3 Juin 1928, Débats parlem. Chambre, pages 1.850 et suiv.).

Départe-ment Bezirk	Canton de Kanton	Électeurs inscrits Eingeschr. Wähler	Nombre des votants Abgegebene Stimmen	Suffrages exprimés Gültige Stimmen	Élu Gewählt
Bas-Rhin	*Circonscription d'Erstein :*				
	Benfeld	4 183	3 619	3 486	M. Seltz Thomas (U. P. R.) 9.227 voix [En outre ont obtenu : MM. Metzger (com.) 3.340 v., Stumpf (soc.) 2.393 et Becker (rad.) 1.530 v.].
	Erstein	4 486	3 821	3 647	
	Geispolsheim	8 013	6 678	6 503	
	Obernai	3 351	2 933	2 854	
	Total de la circonscript.	20 033	17 051	16 490	
	Circonscription de Haguenau				
	Bischwiller	8 379	6 878	6 702	M. Michel Walter (U. P. R.) 8.248 voix. (M. Mohn, comm. 5.908 v.)
	Haguenau	6 937	6 106	5 968	
	Niederbronn-les-Bains	5 822	5 001	4 886	
	Total de la circonscript.	21 138	17 985 *15 458*	17 556 *14 156*	
	Circonscription de Molsheim :				
	Molsheim	5 719	4 986	4 906	M. Henri Meck (U. P. R.) 9.206 voix. (En outre ont obtenu : MM. Thormann 4.923, Schreckler 560 et Walter 51 voix.)
	Rosheim	3 357	2 956	2 903	
	Saales	1 367	1 245	1 220	
	Schirmeck	3 793	3 434	3 392	
	Wasselonne	4 450	3 626	3 582	
	Total de la circonscript.	18 684	16 247 *15 251*	16 003 *14 740*	
	Circonscription de Saverne :				
	Bouxwiller	112	3 258	3 213	M. Camille Dahlet (parti progressiste alsacien) 10.957 v. (En outre ont obtenu : MM. Altdorffer 9.228 voix et Heckel 86 voix).
	Drulingen	4 143	3 352	3 303	
	La Petite-Pierre	3 768	3 005	2 963	
	Marmoutier	2 746	2 416	2 350	
	Sarre-Union	3 784	3 088	3 014	
	Saverne	5 443	4 591	4 439	
	Total de la circonscript.	23 996	19 710 *20 526*	19 282 *20 271*	
	Circonscription de Sélestat :				
	Barr	4 848	3 933	3 862	M. le Dr Alfred Oberkirch (U. P. R.) 8.687 voix. (En outre ont obtenu : MM. Bronner 5.454 et Pfaff 1.631 voix.)
	Marckolsheim	5 045	4 420	4 310	
	Sélestat	5 484	4 983	4 897	
	Villé	3 083	2 774	2 703	
	Total de la circonscript.	18 460	16 110	15 772	

Département ment Bezirk	Canton de Kanton	Électeurs inscrits Eingeschr. Wähler	Nombre des votants Abgegebene Stimmen	Suffrages exprimés Gültige Stimmen	Élu Gewählt
Bas-Rhin	*Circonscription de Wissembourg :*				M. Joseph WEYDMANN (U. P. R.) 7.041 voix. (MM. Arnholt 2.348, Herber 2.102, Liebrich 1.951 et Redelsperger 433 voix.)
	Lauterbourg	1 197	1 011	995	
	Seltz	2 834	2 401	2 345	
	Soultz-sous-Forêts	4 504	3 551	3 519	
	Wissembourg	4 255	3 536	3 496	
	Wœrth-sur-Sauer	3 001	2 384	2 332	
	Total p. la circonscript.	15 791	12 883 *12 523*	12 687 *12 252*	
Haut-Rhin	*Circonscription de Guebwiller :*	17 130	14 908	14 441	M. Camille BILGER (U. P. R.) 7.848 voix. (En outre ont obtenu : MM. Wicky 3.403, Aschbacher 2.014 et Courbot 1.176 voix.)
	1re *Circonscription de Mulhouse :*	27 599	23 995 *23 602*	23 306 *22 941*	M. GRUMBACH (Soc.) 11.385 v. (MM. Kræhling 8.219, Hornecker 3.326, Scheer 7 v., Silbermann 3 et Kuhn 1 voix).
	2e *Circonscription de Mulhouse :*	25 561	20 647	20 023 *21 167*	M. BROGLY (U. P. R.) 11.571 v. (MM. Eisenring 7.467, Kayser 2.115, Kankowsky 10, Wehrlin 4 voix.)
	Circonscription de Ribeauvillé :	15 617	13 660	13 195	M. PFLEGER (U. P. R.) 6.663 voix. (MM. Rieth 2.958, Geiger 2.784, Bechler 803 voix.)
Moselle	*Circonscription de Boulay :*	17 373	15 000 *14 378*	14 764 *13 783*	M. LAPACH (8.428 voix).
	Circonscription de Château-Salins	13 405	11 766	11 526	M. WOLFF Jules (8.991 voix).
	1re *Circonscription de Metz :*	19 002	16 120 *15 675*	15 746 *15 337*	M. MONCELLE Edouard (8.209 voix).
	2e *Circonscription de Metz :*	18 067	15 167	14 757	M. SÉROT (10.294 voix).
	Circonscription de Sarrebourg :	15 339	13 348 *13 280*	13 137 *13 128*	M. PETER (6.800 voix).
	Circonscription de Sarreguemines :	18 408	15 910 *15 738*	15 648 *15 590*	M. NOMINÉ (8.045 voix).
	Circonscription de Thionville-Est	16 819	14 951 *14 734*	14 717 *14 440*	M. SCHUMANN (8.115 voix).
	Circonscription de Thionville-Ouest	17 838	15 832 *15 835*	15 633 *15 523*	M. BÉRON (7.889 voix).

Hôtel de ville de Strasbourg — Strassburger Stadthaus
(La cour d'honneur — Der Ehrenhof)

II.

LES ÉLECTIONS CANTONALES DES 14 et 21 OCT. 1928.

Die Kantonalwahlen vom 14. und 21. Oktober 1928.

A. Les élections au Conseil général des 14 et 21 octobre 1928 dans les cantons Nord et Sud de Strasbourg.

1° *Observations générales.*

La loi du 17 juillet 1928 concernant le renouvellement de la série sortante du Conseil général et modifiant les articles 12 et 22 de la loi du 10 août 1871 a fixé les élections cantonales aux deuxième et troisième dimanches d'octobre 1928.

En même temps elle a déclaré que l'ouverture de la deuxième session ordinaire aurait lieu, en 1928, le mercredi 24 octobre et serait close le mercredi, 31 octobre.

Les cantons Nord et Sud de Strasbourg ont procédé à des élections au Conseil général à la date des 14 et 21 octobre 1928.

Le canton Sud a été représenté depuis 25 ans au Conseil général par M. Jacques Peirotes (socialiste S. F. I. O.), député-maire de Strasbourg.

M. Laurent Meyer, 1er adjoint au maire de Strasbourg (socialiste S. F. I. O.) était le conseiller général sortant du canton Nord.

Aux élections cantonales des 14 et 21 octobre 1928, tous les bureaux de vote sont restés les mêmes qu'aux élections législatives du mois d'avril 1928, excepté le bureau de vote n° 28 (anc. Tivoli), qui a été installé dans le bâtiment du restaurant du terrain de l'Exposition au Wacken.

2° *Résultats.*

M. Charles HUEBER (com.) a été proclamé conseiller général dans le canton Sud. Il a obtenu 1.883 voix, soit 53,3 p. cent des suffrages exprimés et 30,7 p. cent des électeurs inscrits, contre M. J. Peirotes, député-maire de Strasbourg et conseiller général sortant (soc. S. F. I. O.) qui a obtenu 1.454 voix, soit 41,2 p. cent du total.

M. Henry LÉVY (Entente républ.) a été élu dans le canton Nord avec 3.715 voix, soit 46,6 p. cent des suffrages et 27,5 p. cent des électeurs inscrits.

Le conseiller général sortant, M. Laurent Meyer (soc.), a obtenu 1.271 voix au 1er tour et 971 au deuxième. Le candidat autonomiste (Unabhängige Landespartei), M. Paul Schall a réuni 3.090 voix au 2e tour.

A. Die Generalratswahlen vom 14. und 21. Oktober 1928 in den Kantonen Nord u. Süd von Strassburg.

1. *Allgemeine Bemerkungen.*

Die Wahlen für die Erneuerung der ausscheidenden Serie der Generalratsmitglieder wurden durch Gesetz vom 17. Juli 1928 auf den 2. und 3. Sonntag im Monat Oktober 1928 festgelegt.

Zu gleicher Zeit wurde als Datum der Eröffnung der zweiten ordentlichen Session, der Mittwoch, 24. Oktober und als Ende derselben, der Mittwoch, 31. Oktober 1928 bestimmt.

Für die Generalratswahlen kamen in Strassburg die Kantone Nord und Süd in Frage; sie fanden am 14. und 21. Oktober 1928 statt.

Der Kanton Süd war seit 25 Jahren im Generalrat (Bezirkstag) durch H. J. Peirotes (socialiste S. F. I. O.), Député-maire von Strassburg, vertreten.

H. Laurent Meyer, 1er Adjoint au maire von Strassburg (socialiste S. F. I. O.), war ausscheidendes Mitglied des Generalrats im Kanton Nord.

Bei den Kantonalwahlen vom 14. und 21. Oktober 1928 waren die Stimmlokale die gleichen geblieben, wie bei den Kammerwahlen vom Monat April 1928, mit Ausnahme des Stimmlokals Nr. 28 (früher Tivoli), das im Restaurationsgebäude auf dem Ausstellungsgelände Wacken nunmehr untergebracht wurde.

2. *Wahlergebnisse.*

Gewählt wurde im 2. Wahlgang H. HUEBER Charles (Kom.) im Kanton Süd mit 1 883 Stimmen, oder 53,3 Prozent der Gesamtzahl und 30,7 Prozent der eingeschriebenen Wähler. Der Gegenkandidat H. J. Peirotes, Député-maire von Strassburg (soc. S. F. I. O.), erhielt 1 454 Stimmen, oder 41,2 Prozent der Gesamtzahl.

H. Henry LÉVY (Entente républ.) wurde im Nordkanton mit 3 715 Stimmen, oder 46,6 Prozent der Gesamtzahl und 27,5 Prozent der eingeschriebenen Wähler, gewählt.

Das ausscheidende Generalratsmitglied, H. Laurent Meyer, erhielt 1 217 Stimmen im ersten Wahlgang und 971 im zweiten. Der autonomistische Kandidat der Unabhängigen Landespartei bekam im 2. Wahlgang 3 090 Stimmen.

Hôtel de ville de Strasbourg — Strassburger Stadthaus
(Entrée par la rue Brûlée — Eingang von der Brandgasse aus)

3° *Tableaux des résultats.*

Elections au Conseil général dans les cantons Nord et Sud des 14 et 21 octobre 1928.

Generalratswahlen in den Kantonen Nord und Süd vom 14. und 21. Oktober 1928.

1er Tour.
1. Wahlgang.
2e Tour.
2. Wahlgang.

a) Canton Nord.

Résultats dans les différents bureaux de vote. — Ergebnisse in den einzelnen Stimmlokalen.

Bureau de vote Stimmlokal		Nombre des électeurs Zahl der Wähler			Nombre des bulletins trouvés dans l'urne Zahl der in der Urne vorgefundenen Stimmzettel	Nombre des bulletins Zahl der Stimmzettel		Bulletins non valables Ungültige Stimmzettel	Répartition des suffrages exprimés Stimmenverteilung				
Nº	Lieu Ort	inscrits eingeschriebene	votants d'après la feuille d'émargement: en % des électeurs inscrits in %	votants d'après la feuille d'émargement: chiffres absolus absolut		en sus des émargements	en moins		Meyer Laurent socialiste, cons. soz.	Levy Henry entente républicaine	Schall Paul parti région. autonom.	Ruff Ch. Emile U. P. R.	Divers
1	Hôtel de Ville	681	47,00	320	320	—	—	4	59	77	132	48	—
		681	*57,27*	*390*	*390*	—	—	*9*	*56*	*125*	*197*	*3*	—
4	Lycée Kléber (Palais)	1 113	53,55	596	598	2	—	3	90	248	187	69	—
		1 113	*62,36*	*694*	*694*	—	—	*8*	*59*	*366*	*248*	*12*	*1*
5	Ecole de travail israélite	1 039	49,57	515	515	—	—	5	71	178	186	75	—
		1 039	*58,33*	*606*	*606*	—	—	*12*	*45*	*275*	*264*	*10*	—
6	Chambre de Métiers	1 075	54,52	586	586	—	—	5	61	355	132	33	—
		1 075	*65,68*	*706*	*706*	—	—	*10*	*35*	*484*	*174*	*3*	—
7	Ecole Pigier	679	51,85	352	352	—	—	5	37	179	105	26	—
		679	*61,57*	*418*	*418*	—	—	*9*	*18*	*247*	*143*	*1*	—
8	Université	1 299	51,89	674	672	—	2	6	57	403	147	58	—
		1 299	*64,36*	*836*	*836*	—	—	*8*	*40*	*555*	*230*	*3*	—
9	Ecole technique	1 773	50,82	901	901	—	—	12	224	216	363	84	—
		1 773	*58,32*	*1 034*	*1 034*	—	—	*14*	*183*	*356*	*482*	*1*	—
10	Université	1 263	50,28	635	635	—	—	2	103	278	193	59	—
		1 263	*61,53*	*777*	*777*	—	—	*11*	*58*	*418*	*289*	*1*	—
20	Aubette	650	40,77	265	265	—	—	4	62	87	94	18	—
		650	*49,08*	*319*	*319*	—	—	*5*	*48*	*140*	*126*	—	—
25	Ecole Schœpflin	707	47,67	337	337	—	—	8	43	134	118	34	—
		707	*60,54*	*428*	*427*	—	*1*	*7*	*38*	*211*	*168*	*3*	—
26	Ecole prim., Robertsau, rue Bœcklin	1 464	42,42	621	621	—	—	4	156	133	218	110	—
		1 464	*54,44*	*797*	*797*	—	—	*11*	*165*	*260*	*341*	*20*	—
27	Ecole prim., Robertsau rue Bœcklin	1 468	41,69	612	613	1	—	12	225	105	206	67	—
		1 468	*52,93*	*777*	*777*	—	—	*12*	*208*	*187*	*356*	*20*	—
28	Restaurant du terrain d'Exposition au Wacken	297	53,20	158	158	—	—	3	29	56	49	21	—
		297	*64,31*	*191*	*191*	—	—	*4*	*18*	*91*	*78*	—	—
	Totaux	13 508	48,65	6 572	6 573	3	2	73	1 217	2 449	2 130	702	—
		13 508	*59,02*	*7 973*	*7 972*	—	*1*	*120*	*971*	*3 715*	*3 090*	*77*	*1*

Résultat du 1er tour: — Ergebnis des 1. Wahlgangs.

Electeurs inscrits	13 508
dont le quart	3 377
Nombre des votants	6 570
Bulletins non valables	73
Suffrages exprimés	6 497
Majorité absolue	3 247

M. Henry Lévy a obtenu 2.449 voix, soit 18,13 % des électeurs inscrits et 37,26 % des votants.
erhielt Stimmen, gleich der eingeschriebenen Wähler und der Wählenden.

M. Paul Schall a obtenu 2.130 voix, soit 15,77 % des électeurs inscrits et 32,41 % des votants.
erhielt Stimmen, gleich der eingeschriebenen Wähler und der Wählenden.

Aucun des candidats n'a réuni les conditions exigées par la loi pour être élu.
Kein Kandidat hat im 1. Wahlgang die gesetzlichen Bedingungen erfüllt, um gewählt zu werden.

Résultat du 2e tour. — Ergebnis des 2. Wahlgangs.

A été proclamé élu: M. **Henry Levy** (Entente républicaine).
Es wurde gewählt:

M. Henry Levy a été élu avec 3.715 voix, soit 46,60 % des votants et 27,50 % des électeurs inscrits.
wurde gewählt mit Stimmen, gleich der Wählenden und der eingeschriebenen Wähler.

Elections au Conseil général dans les cantons Nord et Sud des 14 et 21 octobre 1928.

Generalratswahlen in den Kantonen Nord und Süd vom 14. und 21. Oktober 1928.

1er Tour.
1. Wahlgang.
2e. *Tour.*
2. Wahlgang.

b) Canton Sud.

Résultats dans les différents bureaux de vote. — Ergebnisse in den einzelnen Stimmlokalen.

Nº	Bureau de vote / Stimmlokal — Lieu / Ort	Nombre des électeurs / Zahl der Wähler — inscrits / ein-geschriebene	votants d'après la feuille d'émargement — en % des électeurs inscrits / in %	votants — chiffres absolus / absolut	Nombre des bulletins trouvés dans l'urne / Zahl der in der Urne vorgefundenen Stimmzettel	Nombre des bulletins / Zahl der Stimmzettel — en sus des émargements	en moins	Bulletins non valables / Ungültige Stimmzettel	Hueber Charles, communiste	Peirotes Jacques, Maire de Strasbourg, socialiste	Kieffer Alphonse, U. P. R.	Divers
2	Ecole de la Cathédrale.	658	49,25	324	324	—	—	9	114	110	91	—
		658	*50,76*	*334*	*334*	—	—	*21*	*176*	*133*	*3*	*1*
14	Ecole du Dragon......	1 069	49,96	534	535	1	—	13	191	229	102	—
		1 069	*61,18*	*654*	*655*	*1*	—	*44*	*294*	*317*	—	—
15	Ecole St-Louis	1 037	50,63	525	525	—	—	10	182	204	129	—
		1 037	*57,77*	*599*	*599*	—	—	*40*	*317*	*242*	—	—
18	Ecole St-Thomas, salle de gymnastique	938	42,65	400	400	—	—	3	191	143	63	—
		938	*54,38*	*510*	*510*	—	—	*18*	*293*	*199*	—	—
19	Ecole St-Thomas, salle de l'école maternelle.	959	44,22	424	424	—	—	9	179	179	56	1
		959	*56,31*	*540*	*540*	—	—	*25*	*286*	*228*	*1*	—
35	Ecole B du Neuhof (prot.)	1 475	51 93	766	766	—	—	8	289	259	210	—
		1 475	*60,61*	*894*	*894*	—	—	*40*	*517*	*335*	*2*	—
	Totaux......	6 136	48,45	2 973	2 974	1	—	52	1 146	1 124	651	1
		6 136	*57,55*	*3 531*	*3 532*	*1*	—	*188*	*1 883*	*1 454*	*6*	*1*

56 — 57

Résultat du 1er tour. — Ergebnis des 1. Wahlgangs.

Electeurs inscrits	6 136
dont le quart	1 534
Nombre des votants	2 973
Bulletins non valables....	52
Suffrages exprimés	2 921
Majorité absolue	1 461

M. Charles Hueber a obtenu 1.146 voix, soit 18,68 % des électeurs inscrits et 38,55 % des votants.
erhielt Stimmen, gleich der eingeschriebenen Wähler und der Wählenden.

M. Jacques Peirotes a obtenu 1.124 voix, soit 18,32 % des électeurs inscrits et 37,81 % des votants.
erhielt Stimmen, gleich der eingeschriebenen Wähler und der Wählenden.

Aucun des candidats n'a réuni les conditions exigées par la loi pour être élu.
Kein Kandidat hat beim 1. Wahlgang die gesetzlichen Bedingungen erfüllt, um gewählt zu werden.

Résultat du 2e tour. — Ergebnis des 2. Wahlgangs.

A été proclamé élu : M. **Charles Hueber** (communiste).
Es wurde gewählt:

M. Charles Hueber a été élu avec 1.883 voix, soit 53,31 % des votants et 30,69 % des électeurs inscrits.
wurde gewählt mit Stimmen, gleich der Wählenden und der eingeschriebenen Wähler.

c) Tableau synoptique des résultats des élections au Conseil général des 14 et 21 octobre 1928 à Strasbourg.

Gegenüberstellung der Wahl-Ergebnisse der Generalratswahlen vom 14. und 21. Oktober 1928 in Strassburg.

Canton	électeurs inscrits / eingeschriebenen Wähler	Nombre des / Zahl der: votants / Wählenden: chiffre absolu / absolut	votants / Wählenden: en % des électeurs inscrits / in % der eingeschr. Wähler	bulletins / Stimmzettel: valables / gültig	bulletins / Stimmzettel: non valables / ungültig	Ont obtenu … voix / Es erhielten Stimmen: Hueber Charles, Communiste: chiffre absolu / absolut	Hueber Charles: en % des bullet. valables	Peirotes Jacques, député-maire de Strasbourg, socialiste (S.F.I.O.): chiffre absolu / absolut	Peirotes Jacques: en % des bullet. valables	Kieffer Alph., U. P. R.: chiffre absolu / absolut	Kieffer Alph.: en % des bullet. valables	Divers: chiffre absolu / absolut	Divers: en % des bullet. valables
Sud													
1er tour …… 1. Wahlgang	6 136	2 973	48,45	2 922	52	1 146	39,22	1 124	38,47	651	22,28	1	0,03
2e tour …… 2. Wahlgang	6 136	3 531	57,55	3 344	188	1 883	56,31	1 454	43,48	6	0,18	1	0,03

Canton	électeurs inscrits	votants chiffre absolu	votants en %	bulletins valables	bulletins non valables	Levy, Henry, entente républic.: chiffre absolu	Levy, Henry: en %	Schall Paul, parti régional autonomiste: chiffre absolu	Schall Paul: en %	Meyer Laurent, conseiller sortant socialiste (S.F.I.O.): chiffre absolu	Meyer Laurent: en %	Ruff E., U. P. R.: chiffre absolu	Ruff E.: en %	Divers: chiffre absolu	Divers: en %
Nord															
1er tour …… 1. Wahlgang	13 508	6 572	48,65	6 498	73	2 449	37,69	2 130	32,78	1 217	18,73	702	10,80	—	—
2e tour …… 2. Wahlgang	13 508	7 973	59,02	7 854	120	3 715	47,30	3 090	39,34	971	12,37	77	0,98	1	0,01

d) **Elections au Conseil général des 14 et 21 octobre 1928.**

Generalratswahlen vom 14. und 21. Oktober 1928.

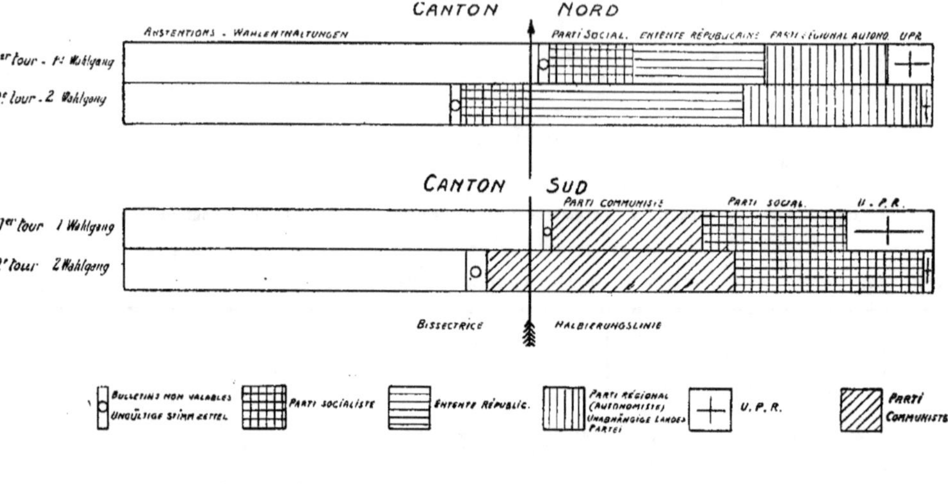

Diagramme des suffrages exprimés aux élections cantonales de 1909, 1919 et 1922.

Diagramm der Wahlergebnisse bei den Kantonalwahlen von 1909, 1919 und 1922.

Premier tour de scrutin. — 1. Wahlgang.

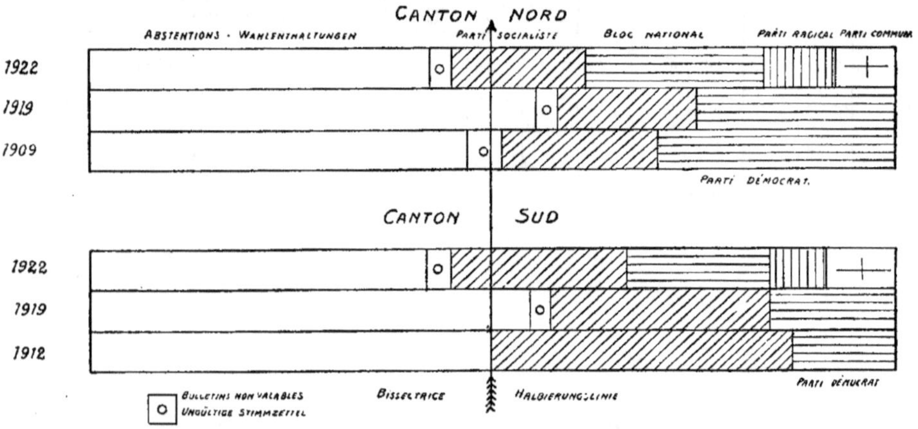

4° *Pourcentage des votants.*

Le pourcentage des votants a été dans tous les bureaux de vote presque le même et s'est élevé en moyenne à 54 p. cent pour les 2 tours de scrutin.

Si l'on compare ces élections au Conseil général à celles de 1922 dans les mêmes cantons, on constate que ce taux est presque le même.

Aux élections au Conseil général des 19 et 26 juillet 1925 (pour les cantons Est et Ouest), le taux des abstentions s'est élevé au premier tour de scrutin du 19 juillet 1925 à presque 70 p. cent dans le canton Est et à un chiffre supérieur dans le canton Ouest.

Le pourcentage des votants des 14 et 21 octobre 1928 a été le plus faible dans le bureau de vote n° 20 (Aubette) avec 40,8 p. cent au premier et 49 p. cent au deuxième tour de scrutin.

Le plus fort pourcentage des votants a été constaté dans le bureau de vote n° 6 (Chambre de Métiers) avec 54,5 p. cent au premier tour et 65,7 p. cent au deuxième tour de scrutin.

4. *Wahlbeteiligung.*

Die Wahlbeteiligung war in allen Stimmlokalen fast gleich und betrug für beide Wahlgänge im Mittel 54 Prozent.

Vergleicht man diese Wahlen mit denen von 1922 in denselben Kantonen, so stellt man ungefähr den gleichen Prozentsatz der Beteiligung fest.

Bei den Generalratswahlen vom 19. und 26. Juli 1925, in den Kantonen Ost und West betrug der Prozentsatz der Wahlenthaltung beim 1. Wahlgang im Kanton Ost fast 70 und im Kanton West weit über 70.

Im Stimmlokal Nr. 20 (Aubette) war die Wahlbeteiligung am schwächsten. Dieselbe betrug beim 1. Wahlgang am 14. Oktober 1928 nur 40,8 Prozent und beim zweiten 49 Prozent.

Die stärkste Wahlbeteiligung hatte das Stimmlokal Nr. 6 (Chambre de Métiers) aufzuweisen und zwar beim ersten Wahlgang 54,5 Prozent und beim zweiten 65,7 Prozent.

B. Les élections au Conseil d'arrondissement dans les cantons Est et Ouest de Strasbourg des 14 et 21 octobre 1928.

1. *Observations générales.*

Le décret du 20 mars 1925 (J. O. du 25 mars 1925, page 3.031) a institué une représentation commune pour les arrondissements de Strasbourg-ville et de Strasbourg-campagne, en ce qui concerne le Conseil d'arrondissement. La répartition des 9 sièges du Conseil d'arrondissement de Strasbourg ainsi créé a eu lieu comme suit:

Le canton de Strasbourg-Nord est représenté par deux conseillers et ceux de Strasbourg-Sud, Strasbourg-Est, Strasbourg-Ouest, Brumath, Hochfelden, Schiltigheim et Truchtersheim chacun par un conseiller.

En 1928, les mandats des cantons Strasbourg-Est, Strasbourg-Ouest, Schiltigheim et Truchtersheim ont été renouvelables.

Les conseillers d'arrondissement sortants étaient dans le canton Est M. Arbogast (U. P. R.) et M. Spiesser (U. P. R.) dans le canton Ouest.

2° *Résultats (au 2e tour de scrutin)*:

M. Michel Heysch (communiste) a été proclamé élu dans le canton Est. Il a obtenu 2.397 voix, soit 44,8 p. cent des votants et 20,8 p. cent des électeurs inscrits.

M. Henri Reisacher (parti régional autonomiste) a été élu dans le canton Ouest. Il a obtenu 2.294 voix, soit 45,7 p. cent des votants et 19,5 p. cent des électeurs inscrits.

Les deux conseillers municipaux MM. Charles Hincker et Auguste Kuhn (socialistes S. F. I. O.) ainsi que le conseiller d'arrondissement sortant M. Spiesser Victor (U. P. R.) et le candidat de l'U. P. R. Kœbel, ont succombé.

B. Die Kreisratswahlen in den Kantonen Ost und West von Strassburg am 14. und 21. Oktober 1928.

1. *Allgemeine Bemerkungen.*

Durch Dekret vom 20. März 1925 (J. O. vom 25. März 1925, Seite 3 031) wurde für den Kreis Strassburg-Stadt und Strassburg-Land eine gemeinsame Vertretung im Kreisrat bestimmt.

Die 9 Kreisratssitze für den Kreis Strassburg verteilen sich wie folgt:

Der Kanton Strassburg-Nord wird durch 2 Kreisräte und die von Strassburg-Süd, Strassburg-Ost, Strassburg-West, Brumath, Hochfelden, Schiltigheim und Truchtersheim durch je ein Mitglied vertreten sein.

Für 1928 sind die Mandate der Kantone Strassburg-Ost, Strassburg-West, Schiltigheim und Truchtersheim zu erneuern.

Die ausscheidenden Kreisratsmitglieder sind im Kanton Ost M. Arbogast (U. P. R.) und M. Spiesser (U. P. R.) im Kanton West.

2. *Ergebnisse (beim 2. Wahlgang)*:

Für den Kanton Ost wurde M. Michel Heysch (communiste) als gewählt proklamiert. Er erhielt 2 397 Stimmen gleich 44,8 Prozent der Wählenden und 20,8 Prozent der eingeschriebenen Wähler.

M. Henri Reisacher (Unabhängige Landespartei) wurde im Kanton West gewählt. Er erhielt 2 294 Stimmen, gleich 45,7 Prozent der Wählenden und 19,5 Prozent der eingeschriebenen Wähler.

Die beiden Gemeinderatsmitglieder MM. Ch. Hincker und Aug. Kuhn (socialistes S. F. I. O) und das ausscheidende Kreisratsmitglied M. Spiesser Viktor (U. P. R.), sowie der Kandidat Kœbel der U. P. R. sind unterlegen.

Vue générale de Strasbourg avec la cathédrale. — Ansicht von Strassburg mit dem Münster.

Elections au Conseil d'arrondissement dans les cantons Est et Ouest des 14 et 21 octobre 1928.

Kreisratswahlen in den Kantonen Ost und West vom 14. und 21. Oktober 1928.

1er Tour
1. Wahlgang
2e Tour
2. Wahlgang

a) **Canton Est.**

Résultats dans les différents bureaux de vote. — Ergebnisse in den verschiedenen Stimmlokalen.

Nº	Bureau de vote / Stimmlokal — Lieu / Ort	Nombre des électeurs / Zahl der Wähler — inscrits / eingeschriebene	votants d'après la feuille d'émargement — en % des électeurs inscrits / in %	votants d'après la feuille d'émargement — chiffres absolus / absolut	Nombre des bulletins trouvés dans l'urne / Zahl der in der Urne vorgefundenen Stimmzettel	Nombre des bulletins / Zahl der Stimmzettel — en sus des émargements	en moins	Bulletins non valables / Ungültige Stimmzettel	Répartition des suffrages exprimés / Stimmenverteilung — Hincker Charles, secrétaire d. parti soc. cons. mun.	Koebel Alfred, U. P. R.	Heysch Michel, communiste	Divers
3	Lycée des Jeunes Filles	983	39,17	385	385	—	—	28	117	138	89	13
		983	*41,71*	*410*	*410*	—	—	*8*	*158*	*119*	*120*	*5*
11	Ecole de l'Académie ..	1 158	36,45	422	422	—	—	13	189	62	158	—
		1 158	*44,48*	*515*	*515*	—	—	*12*	*227*	*55*	*221*	—
12	Ecole St-Guillaume ...	1 003	35,91	396	396	—	—	14	125	77	175	5
		1 003	*42,53*	*469*	*469*	—	—	*10*	*158*	*67*	*231*	*3*
13	Ecole moyenne, 3, pl. Ste-Madeleine	1 217	40,76	496	496	—	—	23	170	128	162	13
		1 217	*49,22*	*599*	*599*	—	—	*25*	*229*	*111*	*234*	—
29	Ecole de la Ziegelau...	1 253	43,50	545	545	—	—	14	147	131	253	—
		1 253	*54,27*	*680*	*680*	—	—	*6*	*167*	*121*	*386*	—
30	Ecole de la Ziegelau...	1 246	41,34	516	516	—	—	8	156	120	233	—
		1 246	*49,76*	*620*	*620*	—	—	*6*	*189*	*105*	*320*	—
31	Nouv. école de la Musau	1 397	35,22	492	492	—	—	16	174	115	187	—
		1 397	*40,88*	*571*	*571*	—	—	*11*	*199*	*97*	*264*	—
32	Ecole du Schluthfeld ..	1 366	36,17	494	494	—	—	14	162	150	168	—
		1 366	*45,24*	*618*	*618*	—	—	*11*	*196*	*146*	*267*	—
33	Baraque d'école à la Hohwarth	389	28,80	112	113	1	—	9	32	33	39	—
		389	*38,82*	*151*	*151*	—	—	*3*	*43*	*41*	*64*	—
34	Ecole du Neufeld	1 514	40,56	614	614	—	—	24	207	186	197	—
		1 514	*47,36*	*717*	*717*	—	—	*16*	*239*	*172*	*290*	—
	Totaux	11 526	38,80	4 472	4 473	1	—	163	1 479	1 140	1 661	31
		11 526	*46,42*	*5 350*	*5 350*	—	—	*108*	*1 805*	*1 034*	*2 397*	*8*

Résultat du 1er tour. — Ergebnis des 1. Wahlgangs.

Electeurs inscrits	11 526
dont le quart	2 882
Nombre des votants	4 472
Bulletins non valables ...	163
Suffrages exprimés	4 309
Majorité absolue	2 155

M. Michel Heysch a obtenu (erhielt) 1.661 voix, soit (Stimmen, gleich) 14,41 % des électeurs inscrits et (der eingeschriebenen Wähler und) 37,14 % des votants. (der Wählenden.)

M. Charles Hincker a obtenu (erhielt) 1.479 voix, soit (Stimmen, gleich) 12,83 % des électeurs inscrits et (der eingeschriebenen Wähler und) 33,07 % des votants. (der Wählenden.)

Aucun des candidats n'a réuni les conditions exigées par la loi pour être élu.
Kein Kandidat hat beim 1. Wahlgang die gesetzlichen Bedingungen erfüllt, um gewählt zu werden.

Résultat du 2e tour. — Ergebnis des 2. Wahlgangs.

A été proclamé élu : M. **Michel Heysch.**
Es wurde gewählt:

M. Michel Heysch a été élu avec (wurde gewählt mit) 2.397 voix, soit (Stimmen, gleich) 44,80 % des votants et (der Wählenden und) 20,80 % des électeurs inscrits. (der eingeschriebenen Wähler.)

Elections au Conseil d'arrondissement dans les cantons Est et Ouest des 14 et 21 octobre 1928.

Kreisratswahlen in den Kantonen Ost und West vom 14. und 21. Oktober 1928.

1er Tour
1. Wahlgang
2e Tour
2. Wahlgang

b) **Canton Ouest.**

Résultats dans les différents bureaux de vote. — Ergebnisse in den verschiedenen Stimmlokalen.

Bureau de vote / Stimmlokal		Nombre des électeurs / Zahl der Wähler			Nombre des bulletins trouvés dans l'urne / Zahl der in der Urne vorgefundenen Stimmzettel	Nombre des bulletins / Zahl der Stimmzettel		Bulletins non valables / Ungültige Stimmzettel	Répartition des suffrages exprimés / Stimmenverteilung			
		inscrits / eingeschriebene	votants d'après la feuille d'émargement									
No	Lieu / Ort		en % des électeurs inscrits / in %	chiffres absolus / absolut		en sus des émargements	en moins		Reisacher Henri / parti région. autonom.	Kuhn Auguste / socialiste cons. mun.	Spiesser Victor / U. P. R. cons. sort.	Divers
16	Cercle cath. des jeunes gens St-Aloyse	1 135	36,92	419	419	—	—	15	161	147	96	—
		1 135	*44,59*	*506*	*506*	—	—	*6*	*246*	*175*	*78*	*1*
17	Ecole Ste-Aurélie	1 227	33,34	409	409	—	—	22	133	181	73	—
		1 227	*43,77*	*537*	*537*	—	—	*9*	*251*	*215*	*62*	—
21	Lycée Kléber (St-Jean)	647	29,99	194	194	—	—	10	68	74	42	—
		647	*38,80*	*251*	*251*	—	—	*10*	*110*	*96*	*35*	—
22	Ecole Ste-Aurélie	934	37,69	352	352	—	—	13	133	121	85	—
		934	*43,80*	*409*	*409*	—	—	*6*	*185*	*149*	*69*	—
23	Ecole primaire St-Jean.	989	34,08	337	337	—	—	11	114	124	87	1
		989	*42,57*	*421*	*421*	—	—	*9*	*170*	*160*	*80*	*2*
24	Halle du marché au quai Kléber	1 418	35,76	507	507	—	—	25	156	210	116	—
		1 418	*42,25*	*599*	*599*	—	—	*19*	*224*	*252*	*104*	—
36	Ancienne école B de Kœnigshoffen	681	34,66	236	236	—	—	4	55	86	91	—
		681	*41,41*	*282*	*282*	—	—	*4*	*110*	*97*	*71*	—
37	Nouvelle école à Kœnigshoffen	1 126	30,20	340	340	—	—	8	92	125	115	—
		1 126	*38,55*	*434*	*434*	—	—	*5*	*184*	*140*	*105*	—
38	Ancienne école C, de Cronenbourg	1 147	38,37	440	440	—	—	12	156	164	108	—
		1 147	*48,65*	*558*	*558*	—	—	*4*	*275*	*165*	*114*	—
39	Ecole B de garçons, de Cronenbourg	1 236	37,22	460	460	—	—	10	185	118	147	—
		1 236	*47,66*	*589*	*589*	—	—	*8*	*315*	*131*	*135*	—
40	Ecole du Gliesberg	1 202	29,29	352	352	—	—	10	133	122	87	—
		1 202	*35,86*	*431*	*431*	—	—	—	*224*	*146*	*61*	—
	Totaux	11 742	34,45	4 046	4 046	—	—	140	1 386	1 472	1 047	1
		11 742	*42,72*	*5 017*	*5 017*	—	—	*80*	*2 294*	*1 726*	*914*	*3*

Résultat du 1er tour. — Ergebnis des 1. Wahlgangs.

Electeurs inscrits	11 742
dont le quart	2 936
Nombre des votants	4 046
Bulletins non valables ...	140
Suffrages exprimés	3 906
Majorité absolue	1 954

M. Auguste Kuhn a obtenu 1.472 voix, soit 12,54 % des électeurs inscrits et 36,38 % des votants.
erhielt Stimmen, gleich der eingeschriebenen Wähler und der Wählenden.

M. Henri Reisacher a obtenu 1.386 voix, soit 11,80 % des électeurs inscrits et 34,26 % des votants.
erhielt Stimmen, gleich der eingeschriebenen Wähler und der Wählenden.

Aucun des candidats n'a réuni les conditions exigées par la loi pour être élu.
Kein Kandidat hat beim 1. Wahlgang die gesetzlichen Bedingungen erfüllt, um gewählt zu werden.

Résultat du 2e tour. — Ergebnis des 2. Wahlgangs.

A été proclamé élu: M. **Henri Reisacher.**
Es wurde gewählt:

M. Henri Reisacher a été élu avec 2.294 voix, soit 45,72 % des votants et 19,53 % des électeurs inscrits.
wurde gewählt mit Stimmen, gleich der Wählenden und der eingeschriebenen Wähler.

c) Tableau synoptique des résultats des élections au Conseil d'arrondissement dans les cantons Est et Ouest des 14 et 21 octobre 1928.

Gegenüberstellung der Resultate der Wahlen zum Kreisrat in den Kantonen Ost und West vom 14. und 21. Oktober 1928.

Canton	Nombre des / Zahl der					Ont obtenu .... voix / Es erhielten Stimmen							
	électeurs inscrits	votants / Wählenden		bulletins / Stimmzettel		Heysch Michel communiste		Hincker Charles socialiste (S.F.I.O.)		Koebel Alfred U. P. R.		Divers / Verschiedene	
	eingeschriebenen Wähler	chiffres absolus / Absolut	en % des électeurs inscrits / in % der eingeschr. Wähler	valables / gültig	non valables / ungültig	chiffre absolu / absolut	en % des bullet. valables	chiffre absolu / absolut	en % des bullet. valables	chiffre absolu / absolut	en % des bullet. valables	chiffre absolu / absolut	en % des bullet. valables
Est													
1er tour... / 1. Wahlgang	11 526	4 472	38,8	4 311	163	1 661	38,53	1 479	34,31	1 140	26,44	31	0,72
2e tour.... / 2. Wahlgang	11 526	5 350	46,4	5 244	108	2 397	45,71	1 805	34,42	1 034	19,72	8	0,15
						Reisacher Henri parti régional auton.		Kuhn Auguste socialiste (S.F.I.O.)		Spiesser Victor U. P. R.		Divers	
Ouest													
1er tour... / 1. Wahlgang	11 742	4 046	34,4	3 906	140	1 386	35,48	1 472	37,69	1 047	26,80	1	0,03
2e tour.... / 2. Wahlgang	11 742	5 017	42,73	4 937	80	2 294	46,47	1 726	34,96	914	18,51	3	0,06

d) Elections au Conseil d'arrondissement des 14 et 21 octobre 1928.

Kreisratswahlen vom 14. und 21. Oktober 1928.

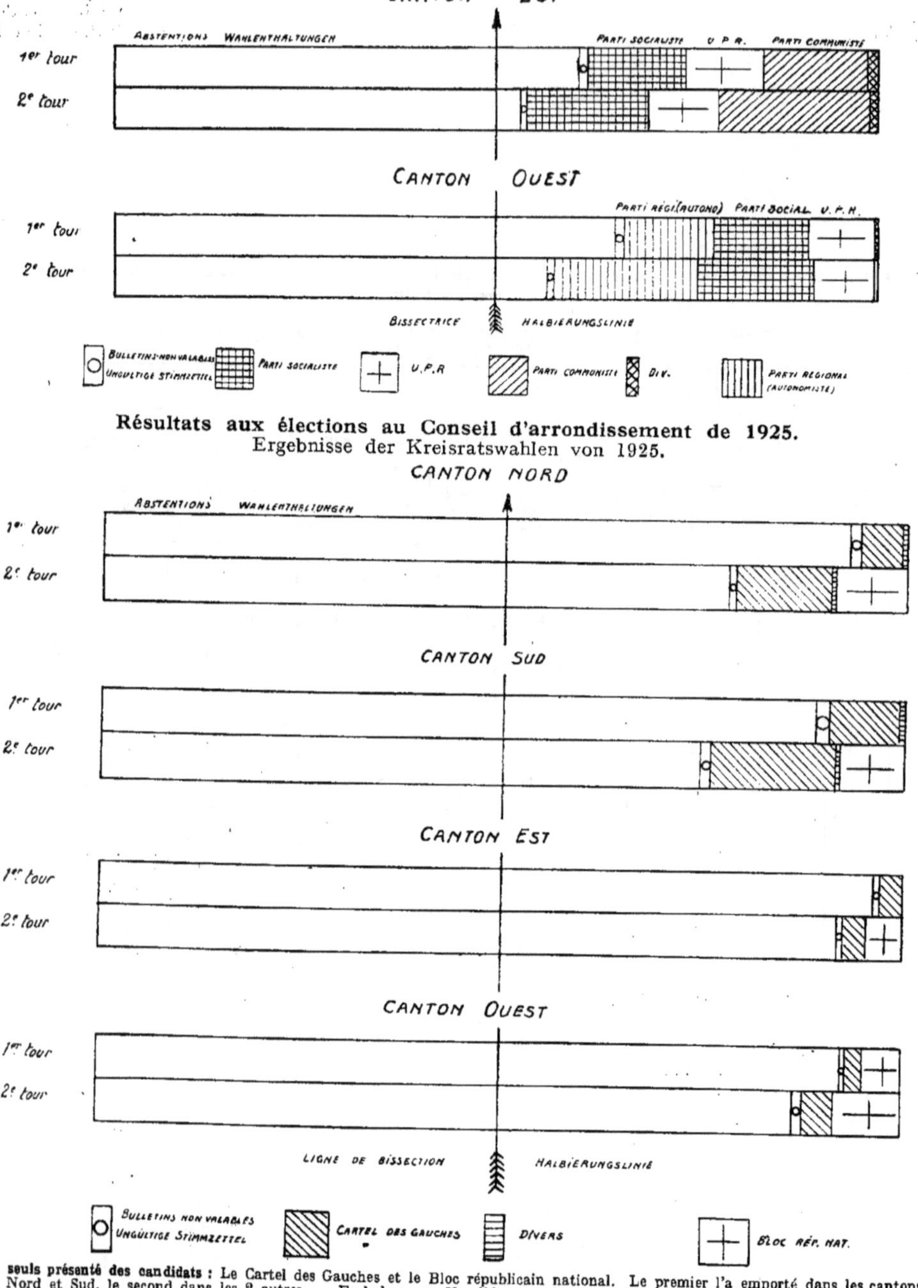

Ont seuls présenté des candidats : Le Cartel des Gauches et le Bloc républicain national. Le premier l'a emporté dans les cantons Nord et Sud, le second dans les 2 autres. — Es haben nur Kandidaten aufgestellt: Das Linkskartell und der Nationalblock. Das erstere hat in den beiden Kantonen Nord und Süd gesiegt; der letztere in den beiden anderen.

4° Pourcentage des votants.

Le pourcentage des votants a été dans tous les bureaux de vote presque le même, comme aux élections au Conseil général dans les cantons Nord et Sud du même jour.

Si l'on compare ces élections au Conseil d'arrondissement à celles de 1925, on constate que le taux des abstentions pour ces dernières élections est moindre et s'élève à peu près à 60 p. cent contre 70 p. cent et plus aux élections précédentes.

Le pourcentage des votants a été le plus faible dans le bureau de vote n° 40 (école du Gliesberg) avec 29,3 p. cent au premier et 35,8 p. cent au second tour de scrutin.

Le plus fort pourcentage a été constaté dans le bureau de vote n° 29 (école de la Ziegelau) avec 43,5 p. cent au premier et 54,3 p. cent au deuxième tour de scrutin.

4. Wahlbeteiligung.

Die Wahlbeteiligung war in allen Stimmlokalen fast gleich, wie bei den Generalratswahlen in den Kantonen Nord und Süd vom gleichen Tage.

Vergleicht man diese Wahlen mit den Kreisratswahlen von 1925, so stellt man fest, dass die Zahl der Wahlenthaltungen viel geringer ist und nur ungefähr 60 Prozent beträgt gegenüber 70 Prozent und mehr bei den vorhergehenden Wahlen.

Die Wahlbeteiligung war am schwächsten im Stimmlokal Nr. 40 (Ecole du Gliesberg), wo beim 1. Wahlgang nur 29,3 Prozent und beim zweiten 35,8 Prozent gewählt haben.

Die stärkste Beteiligung hatte das Wahlbureau Nr. 29 (Ecole de la Ziegelau) mit 43,5 Prozent beim 1. und 54,3 Prozent beim 2. Wahlgang.

c) Forces respectives des partis politiques, révélées par les élections cantonales des 14 et 21 octobre 1928 à Strasbourg.

Stärkeverhältnisse der politischen Parteien in Strassburg, auf Grund der Ergebnisse der Kantonalwahlen vom 14. und 21. Oktober 1928 berechnet.

1er Tour 1. Wahlgang
2e Tour 2. Wahlgang

	Elections au Conseil général		Elections au Conseil d'arrondissement	
	Canton Nord	Canton Sud	Canton Est	Canton Ouest
	Pourcentage du total des suffrages	Pourcentage du total des suffrages	Pourcentage du total des suffrages	Pourcentage du total des suffrages
Parti socialiste (S.F.I.O.)	18,73 *12,37*	38,47 *43,48*	34,31 *34,42*	37,69 *34,96*
Entente républicaine...	37,69 *47,30*	— —	— —	— —
Parti régional (autonomiste) .... Unabhäng. Landespartei	32,78 *39,34*	— —	— —	35,48 *46,47*
U. P. R.	10,80 *0,98*	22,28 *0,18*	26,44 *19,72*	26,80 *18,51*
Parti communiste	— —	39,22 *56,31*	38,53 *45,71*	— —

III.

LES ÉLECTIONS SÉNATORIALES COMPLÉMENTAIRES DU 4 NOVEMBRE 1928.

Die Senatsersatzwahlen vom 4. November 1928.

Elections sénatoriales complémentaires du 4 novembre 1928.

a) Observations préliminaires.

Le Sénat est une assemblée permanente, renouvelable par tiers (en 3 séries: A, B et C) tous les 3 ans et dont les membres sont élus pour neuf années.

Les départements du Bas-Rhin et du Haut-Rhin ont été classés, suivant l'ordre alphabétique, dans la série C, qui a été renouvelée le 9 janvier 1927, et la Moselle dans la série B, qui a été renouvelée le 6 janvier 1924 (loi du 16 oct. 1919 relative au régime transitoire de l'Alsace et de la Lorraine, art. 9).

L'arrêté préfectoral du 20 septembre 1928, pris en exécution du décret du 15 septembre 1928, a convoqué les conseils municipaux dans les communes du département du Bas-Rhin pour le dimanche 30 septembre 1928, à l'effet de nommer leurs délégués et suppléants en vue de l'élection d'un sénateur de ce département en remplacement de M. Lazare Weiller, décédé, et fixé au dimanche 4 novembre 1928 la réunion du collège électoral qui devait procéder à cette élection.

b) Les délégués sénatoriaux de la ville de Strasbourg au collège des élections sénatoriales du 4 novembre 1928.

1° *Election des délégués sénatoriaux par le Conseil municipal de Strasbourg, le dimanche 30 septembre* 1928.

Le Conseil municipal de Strasbourg, composé de 36 membres, élit 24 délégués et 5 suppléants.

Ont été élus le 30 septembre 1928 par le Conseil municipal,

comme délégués :

Die Ersatzwahl für den Senat vom 4. November 1928.

a) Vorbemerkungen.

Der Senat ist eine Körperschaft, deren Mandate zu einem Drittel (in 3 Serien: A, B und C) alle 3 Jahre zu erneuern und deren Mitglieder für neun Jahre gewählt sind. Die Départements des Bas-Rhin und des Haut-Rhin sind, entsprechend dem Alphabet, in die Serie C, in der 107 Senatsmandate am 9. 1. 1927 erneuert wurden, eingereiht worden, und das Mosel-Département in die Serie B (mit 111 Senatoren), für die bereits am 6. Januar 1924 Wiederwahl stattgefunden hat.

Durch Beschluss der Präfektur vom 20. September 1928 in Ausführung des Dekrets vom 15. September 1928 wurden die Gemeinderäte der Gemeinden vom Bas-Rhin aufgefordert am Sonntag, den 30. September 1928 ihre Delegierten, sowie Ersatzdelegierte für die Ersatzwahl eines Senateurs, an Stelle des verstorbenen H. Lazare Weiller, die auf Sonntag, den 4. November 1928 festgesetzt wurde, zu wählen.

b) Die Senatswahldelegierten der Stadt Strassburg für die Senatswahlen vom 4. November 1928.

1. *Wahl der Senatswahldelegierten durch den Strassburger Gemeinderat am Sonntag, den* **30.** *September* 1928.

Der Gemeinderat von Strassburg (36 Mitglieder) wählt 24 Delegierte (Wahlmänner) und 5 Ersatzdelegierte.

Es wurden am 30. September 1928 durch den Gemeinderat bezeichnet,

als Delegierte:

Parti socialiste — 17 délégués.

MM. les conseillers municipaux: Bronner, Gabel, Hincker, Holweg, Imbs, Kamper, Kapp, Kœnig, Kuhn, Kunkler, Munio, Nægelen, Pedraglio, Riehl, Schneider, Steibel, Willig.

Parti radical, etc. — 7 délégués.

MM. les conseillers municipaux : Becker, Dr Hugel, Mahl, Muller, Petri, Schuler et Tillmann.

comme suppléants : — als Ersatzdelegierte :

Parti socialiste — 3 suppléants.

MM. Brandt, Krohmer, conseillers municipaux, et M. Metzger, qui n'est pas conseiller municipal.

Parti radical — 2 suppléants.

MM. les conseillers municipaux Minck et Trebus.

Chaque parti politique a donc reçu le nombre proportionnel de délégués sénatoriaux correspondant au chiffre de ses conseillers municipaux.

Jede politische Partei hat also die Zahl der Delegierten erhalten, die ihrer Mitgliederzahl im Gemeinderat entspricht.

2° *Electeurs de droit de la ville de Strasbourg.* - 2. *Die Senatswähler von Rechtswegen der Stadt Strassburg.*

a) MM. les conseillers généraux des 4 cantons de la ville :

Canton Nord : M. Henry Lévy, industriel ;
» Est : M. Georges Weill ;
» Sud : M. Charles Hueber ;
» Ouest : M. Kœssler Louis, commerçant.

b) MM. les conseillers d'arrondissement des 4 cantons de la ville :

Canton Nord : M. Paul Weill, conseiller municipal (parti socialiste) ;
M. François Oesinger, adjoint au Maire de Strasbourg (parti radical)
» Est : M. Michel Heysch (parti communiste) ;
» Sud : M. Emile Bohn, conseiller municipal de Strasbourg (parti socialiste) ;
» Ouest : M. Reisacher Henri (parti régional, autonomiste).

En outre, les électeurs de droit suivants, non mentionnés ci-dessus, ont leur domicile à Strasbourg :

Ausserdem haben folgende Wahlmänner von Rechtswegen, die oben nicht aufgeführt sind, ihren Wohnsitz in Strassburg :

1° MM. Ch. Frey, Seltz, Peirotes, Walter, Mourer, Dahlet, Meck, députés du Bas-Rhin.

2° MM. Hauss, Heil, Dr Kœssler Alfred, conseillers généraux du Bas-Rhin.

c) L'élection sénatoriale complémentaire du 4 novembre 1928.
Die Ersatzwahl zum Senat vom 4. November 1928.

Electeurs inscrits	1 221
Nombre des votants	1 214
Bulletins valables	1 190
Bulletins non valables	24
Majorité absolue	596

Ont obtenu — Es erhielten :

		en % du total des bulletins valables / in Prozent der Gesamtzahl der gültigen Stimmen		
MM. Comte Hubert d'Andlau (U P. R.)	867	voix, élu, soit	72,9	p. cent.
J. Peirotes, député-maire de Strasbourg (soc. S. F. I. O.)	178	» »	15,0	»
J. O. Jæger, anc. député (indép.)	90	» »	7,6	»
Dr Hugel (radical)	28	» »	2,3	»
G. E. Zillhardt (indép.)	23	» »	1,9	»
Friedel (U. P. R.)	4	» »	0,3	»

d) Le nombre des délégués sénatoriaux des 10 catégories de communes du Bas-Rhin et leur population (chiffres absolus et relatifs).

Die Zahl der Senatswahldelegierten der 10 Kategorien von Gemeinden des Bas-Rhin u. ihre Bevölkerung (absolute u. Verhältniszahlen).

1° *Répartition des délégués sénatoriaux de l'élection de* 1927.
1. *Wahlmännerverteilung bei der Senatswahl* 1927.

1° Délégués communaux – Gemeinderatsvertreter

a) Arrondissement – Kreis Strasbourg-Ville	24
b) » » Strasbourg-Campagne	196
c) » » Erstein	129
d) » » Haguenau	135
e) » » Molsheim	150
f) » » Saverne	216
g) » » Sélestat	132
h) » » Wissembourg	139
Total	1121
2° Conseillers d'arrondissement — Kreistagsmitglieder	62
3° Conseillers généraux — Generalratsmitglieder	31
4° Députés — Abgeordnete	9
Total général – Insgesamt	1223

2° Le nombre des délégués sénatoriaux élus par les conseils municipaux.
2. Die Zahl der durch die Gemeinderäte bezeichneten Wahlmänner.

Catégories de communes Gemeindegrössenklassen	Élections sénatoriales de **1920** Senatswahl von 1920				Élections sénatoriales de **1927** Senatswahl von 1927			
	Nombre des communes Zahl der Gemeinden	Population totale Einwohner insgesamt	Nombre des délégués sénatoriaux — Zahl der Wahlmänner: par commune pro Gemeinde	Nombre des délégués sénatoriaux — Zahl der Wahlmänner: en total im ganzen	Nombre des communes Zahl der Gemeinden	Population totale Einwohner insgesamt	Nombre des délégués sénatoriaux — Zahl der Wahlmänner: par commune pro Gemeinde	Nombre des délégués sénatoriaux — Zahl der Wahlmänner: en total im ganzen
1	2	3	4	5	6	7	8	9
				Chiffres absolus — Absolute Zahlen				
Jusqu'à (bis zu) 500 habit. (Einw.)	229	71 935	1	229	227	65 312	1	227
de 501 à 1 500 »	259	211 605	2	518	260	197 123	2	520
» 1 501 à 2 500 »	44	83 561	3	132	44	77 439	3	132
» 2 501 à 3 500 »	15	44 269	6	90	16	43 501	6	96
» 3 501 à 10 000 »	11	75 048	9	99	11	68 237	9	99
» 10 001 à 30 000 »	2	35 629	12	24	2	33 607	12	24
au-dessus de 60 000 »	1	178 891	24	24	1	166 767	24	24
Total:	561	700 938	—	1 116	561	651 986	—	1 121
				Chiffres relatifs en % — Verhältniszahlen in %				
Jusqu'à (bis zu) 500 habit. (Einw.)	40,81	10,26	—	20,52	40,46	10,02	—	20,24
von 501— 1 500 »	46,16	30,19	—	46,41	46,35	30,23	—	46,38
» 1 501— 2 500 »	7,84	11,92	—	11,83	7,84	11,88	—	11,76
» 2 501— 3 500 »	2,69	6,32	—	8,07	2,85	6,67	—	8,53
» 3 501—10 000 »	1,96	10,71	—	8,87	1,96	10,47	—	8,81
» 10 001—30 000 »	0,36	5,08	—	2,15	0,36	5,15	—	2,14
über 60 000 »	0,18	25,52	—	2,15	0,18	25,58	—	2,14
Insgesamt:	100,00	100,00	—	100,00	100,00	100,00	—	100,00

Le tableau démontre d'une manière frappante l'inégalité, du reste bien connue, du droit électoral sénatorial. La répartition des délégués sénatoriaux sur les différentes catégories de communes donne aux plus petites communes un droit électoral beaucoup plus effectif que celui des grandes et moyennes villes.

Les 227 communes du Département avec moins de 500 habitants ne représentent qu'un dixième de la population, mais elles présentent deux dixièmes des délégués sénatoriaux. Déjà la catégorie suivante de communes, celles comptant de 501 à 1500 habitants, détient un droit électoral un peu moins effectif: les 3 dixièmes de la population réunis dans cette catégorie de communes n'ont plus à présenter deux fois 3 dixièmes, mais seulement 1,5 fois 3 dixièmes de délégués. La population groupée dans la troisième catégorie de communes (de 1501 à 2500 habitants) est à peu près égale à celle de la première catégorie (11 % contre 10 %), mais elle possède un droit

Die Tabelle zeigt in eindrucksvoller Weise die übrigens schon längst bekannte Ungleichheit des Senatswahlrechts. Die Verteilung der Senatsdelegierten auf die verschiedenen Gemeindegrössenklassen gibt den kleinsten Gemeinden ein unverhältnismässig grösseres Wahlrecht als das der grossen und mittleren Städte.

Die 227 Gemeinden des Departements mit bis zu 500 Einwohnern sind nur ein Zehntel der Bevölkerung, aber dieses eine Zehntel bestimmt zwei Zehntel der Gemeindewahlmänner zur Senatswahl. Schon die folgende Gemeindegrössenklasse (501 bis 1500 Einwohner) hat ein geringeres Wahlrecht. Denn zu ihr gehören 3 Zehntel der Bevölkerung. Diese haben aber nicht mehr zwei, sondern nur noch anderthalb mal soviel Wahlmänner zu bestimmen. Die Bevölkerung, die zur dritten Grössenklasse (1501-2500 Einwohner) gehört, ist der Zahl nach der ersten Grössenklasse ungefähr gleich, bestimmt aber nicht wie jene, 20 %, sondern nur 11 % der Wahlmänner. Ihr

électoral encore plus restreint : 12 % des délégués sont nommés par cette catégorie. Le jeu du hasard fait bénéficier la catégorie suivante de communes d'un droit électoral un peu plus élargi; 7 % de la population nomment 8,5 % des délégués. Mais dans les trois dernières catégories l'efficacité du droit électoral baisse progressivement avec une rapidité croissante et elle est réduite pour la population de la dernière catégorie, c'est-à-dire de la ville de Strasbourg, à une parcelle minime de celle dont jouissent les petits villages.

Pour bénéficier d'un droit électoral aussi efficace que celui des communes au dessous de 500 habitants, les communes appartenant

Wahlrecht ist also noch mehr vermindert. Durch Zufall nimmt in der folgenden Grössenklasse das Wahlrecht wieder etwas zu : 7 % der Bevölkerung bestimmen 8,5 % der Wahlmänner. Aber mit dem Wahlrecht der kleinsten Gemeinden ist auch hier kein Vergleich. Vollends in den drei letzten Gemeindegrössenklassen nimmt der Wert des Wahlrechts rasch und mit wachsender Beschleunigung ab, und beschränkt sich für die letzte Grössenklasse, die durch Strassburg allein gebildet wird, auf einen winzigen Bruchteil des Wahlrechts der kleinen Dörfer.

Um ebensoviel Wahlrecht zu haben wie die Gemeinden mit 500 und weniger Einwohnern müssten die Gemeinden in

à la 2e catégorie devraient présenter environ / der 2. Grössenklassen ungefähr	60 %	des délégués au lieu de / der Wahlmänner bestimmen statt, jezt	46 %
3e » » » »	24 %	» » » » »	12 %
4e » » » »	12 %	» » » » »	8,5 %
5e » » » »	20 %	» » » » »	8,8 %
6e » » » »	10 %	» » » » »	2,2 %
dernière » » » »	51 %	» » » » »	2,2 %

Il est aussi à noter que les 5 p. cent de la population réunis dans les 2 communes comptant de 10001 à 30000 habitants jouissent exactement du même droit électoral que les 25,6 p. cent, réunis dans la ville de Strasbourg.

Les chiffres du pourcentage de 1920 et de 1927 varient un peu à cause des fluctuations de la population. Mais les chiffres restent pourtant assez concordants pour démontrer que les inégalités sont inhérentes à la loi électorale elle-même.

Beachtung verdient auch, dass die 5 % der Bevölkerung, die in den 2 Gemeinden mit 10 001 bis 30 000 Einwohnern wohnen, genau dasselbe Wahlrecht haben wie die 25 % der Bevölkerung, die die Stadt Strassburg stellt.

Die Prozentzahlen von 1920 und 1927 wechseln etwas infolge der Schwankungen des Bevölkerungsstandes. Die Uebereinstimmung ist aber gross genug, um zu beweisen, dass die Ungleichheit des Wahlrechts auf dem Wahlgesetz selbst beruht.

Palais de Justice. — Justizpalast.

IV.

LES ÉLECTIONS MUNICIPALES DES 5 ET 12 MAI 1929.

Die Gemeinderatswahlen vom 5. und 12. Mai 1929.

IV. Les élections municipales des 5 et 12 mai 1929.

A) Remarques préliminaires.

La législation municipale française est une des grandes matières législatives dont l'introduction n'a pas encore été abordée directement en Alsace et Lorraine. Non que la matière soit encore intacte. L'article 8 de la loi du 17 octobre 1919 sur le régime transitoire, en déclarant que les élections communales se feraient, au même titre que toutes les autres élections, d'après les lois électorales françaises, a abrogé implicitement tous les articles de la loi communale locale (loi du 6 juin 1895) qui traitaient de l'élection des conseils municipaux. Cet article 8 a été interprété à juste titre de telle sorte que le système de la loi française devait s'appliquer également au choix des maires, ce qui a substitué l'élection par le conseil municipal au régime de la loi locale qui mettait la nomination des maires entre les mains de l'administration. Le gouvernement pouvait difficilement adopter une autre attitude, le principe de l'élection des maires étant très profondément ancré dans le régime démocratique français.

Aux élections municipales du 30 novembre 1919, la loi électorale française a déjà été appliquée ; il en était de même pour l'élection du maire et des adjoints. Le sectionnement de la ville a encore été celui du régime allemand. Ce sectionnement a été complètement modifié par délibération du Conseil général du Bas-Rhin, en date du 26 avril 1922, qui a adopté le sectionnement par cantons. C'est ce dernier qui a été en vigueur pour les élections municipales des 3 et 10 mai 1925 et des 5 et 12 mai 1929.

D'après l'article 41 de la loi du 5 avril 1884 sur l'organisation municipale le renouvellement des conseils municipaux devait avoir lieu tous les 4 ans. La loi du 10 avril 1929 (Journ. Off. du 12 avril, page 4.314) a modifié cette disposition et a porté la durée du mandat municipal à six ans. La même loi de 1884 dit que les élections de renouvellement des conseils municipaux auront lieu le premier dimanche de mai. Elles ont été ainsi fixées au 5 mai 1929.

Aux élections municipales des 5 et 12 mai 1929 tous les bureaux de vote sont restés les mêmes qu'aux élections de 1928.

Le nombre des électeurs inscrits se chiffre le 5 mai 1929 à 44.806 contre 40.185 en 1925, soit une augmentation de près de 5.000.

IV. Die Gemeinderatswahlen vom 5. und 12. Mai 1929.

A) Vorbemerkungen.

Die französische Gemeindegesetzgebung ist eine der grossen Rechtsmaterien, deren Einführung in den drei wiedergewonnenen Départements noch nicht direkt in Angriff genommen wurde. Diese Materie ist allerdings nicht mehr intakt. Der Artikel 8 des Gesetzes vom 17. Oktober 1919 über das Uebergangsregime hat durch die Bestimmung, dass die Gemeindewahlen, wie alle anderen Wahlen, nach den französischen Gesetzen zu erfolgen haben, alle Artikel unserer Gemeindeordnung von 1895 aufgehoben, welche die Wahl der Gemeinderäte betreffen. Dieser Artikel 8 wurde mit Recht so ausgelegt, dass das französische Gemeinderecht auch in bezug auf die Wahl des Bürgermeisters in Anwendung kam. Die Wahl des Bürgermeisters durch den Gemeinderat ist an Stelle der diesbezüglichen Regelung getreten, welche die Ernennung des Bürgermeisters von der Aufsichtsbehörde abhängig machte. Die französische Regierung konnte wohl keine andere Auslegung annehmen, weil der Grundsatz der Maire-Wahl durch den Gemeinderat fest in den demokratischen Anschauungen Frankreichs verankert ist.

Bei den Gemeinderatswahlen vom 30. November 1919, kam das französische Wahlrecht schon zur Anwendung ; dies war auch der Fall bei den Wahlen des Bürgermeisters und der Beigeordneten. Die Wahlbezirkseinteilung der Stadt war jedoch noch dieselbe wie unter dem deutschen Regime. Sie wurde durch Beschluss des Generalrats des Nieder-Rheins vom 26. April 1922 völlig geändert und nach Kantonen wie bei den Kantonalwahlen vorgenommen. Diese Neueinteilung ist zum ersten Mal bei den Gemeinderatswahlen vom 3. und 10. Mai 1925 in Wirkung getreten und kam auch bei den Wahlen vom 5. und 12. Mai 1929 zur Anwendung.

Zufolge Artikel 41 der Gemeindeordnung vom 5. April 1884 waren alle 4 Jahre die Gemeinderäte zu erneuern. Durch Gesetz vom 10. April 1929, bekanntgegeben im Journ. Off. vom 12. April, Seite 4314, wurde dieser Artikel der G. O. abgeändert und die Mandatsdauer der Gemeinderäte auf 6 Jahre festgesetzt.
Die Wahlen haben nach dem Gesetz (Art. 41) immer am 1. Sonntag im Mai stattzufinden und somit wurde als erster Wahltag der 5. Mai 1929 bestimmt.

Die Stimmbezirke sind die gleichen geblieben, wie bei den Wahlen von 1928.

Die Anzahl der eingeschriebenen Wähler betrug am 5. Mai 1929 44 806 gegen 40 185 im Jahre 1925 ; demnach ist eine Zunahme von fast 5 000 Wählern festzustellen.

Les Elections municipales des 5 et 12 mai 1929. — Die Gemeindewahlen vom 5. und 12. Mai 1929.

1er tour de scrutin. — 1. Wahlgang.
2e tour de scrutin. — 2. Wahlgang.

2e Section : CANTON SUD.

N°	Bureau de vote (Stimmlokal)	Nombre des électeurs inscrits / Zahl der eingetragenen Wähler	Nombre des votants / Wahlbeteiligung %	Chiffre absolu	Nombre des enveloppes trouvées dans l'urne	Nombre des bulletins trouvés sans enveloppe	Bulletins non valables / Ungültige Stimmzettel	Bulletins valables / Gültige Stimmzettel
2	Ecole de la Cathédrale	696 *694*	74,92 *70,61*	520 *490*	520 *490*	—	8 *6*	512 *485*
14	Ecole du Dragon	1.126 *1.125*	70,78 *72,88*	666 *853*	666 *853*	— —	16 *19*	650 *834*
15	Ecole St-Louis	1.066 *1.068*	78,47 *78,00*	638 *833*	638 *833*	—	17 *20*	621 *813*
18	Ecole St-Thomas (salle de gymnast.)	952 *957*	73,34 *79,11*	721 *757*	721 *757*	—	17 *20*	704 *737*
10	Ecole St-Thomas (salle de l'Ec. mat.)	977 *977*	74,21 *79,02*	725 *772*	725 *772*	—	24 *19*	701 *753*
35	Ecole B du Neuhof	1.541 *1.541*	82,22 *84,18*	1.267 *1.297*	1.267 *1.297*	—	18 *32*	1.249 *1.265*
		6.360 *6.302*	77,56 *76,21*	4.937 *4.940*	4.937 *4.960*	—	93 *128*	4.844 *4.817*

N°	Parti socialiste (S. F. I. O.): Peirotes Jacques	Bohn Emile	Stalted Jean	Kunkler Charles	Strasser Frédéric	U. P. R.: Walter Michel	Spiewer Victor	Hoffmann Alph.	Adam Charles	Scherr Alphonse
2	123 *146*	111 *121*	111 *120*	111 *127*	110 *124*	152 —	148	147	136	135
14	306 *374*	273 *342*	278 *342*	277 *342*	263 *335*	110	104	102	106	103
15	244 *296*	226 *278*	229 *282*	230 *274*	223 *277*	150	138	133	147	134
18	190 *247*	173 *236*	176 *237*	176 *237*	174 *228*	68	67	67	69	66
10	190 *236*	170 *236*	172 *237*	172 *235*	166 *237*	72	66	79	63	64
35	347 *434*	327 *394*	321 *388*	324 *401*	322 *388*	300	290	308	290	287
	1.400 *1.733*	1.264 *1.615*	1.267 *1.615*	1.293 *1.626*	1.266 *1.588*	864 —	810 —	809	811	789

N°	Parti communiste: Hueber Charles	Mourer J.-P.	Heck René	Boyeck Michel	Gantner Eugène	Union républ. de gauche: Muller Charles	Debrauer Edmond	Frankhauser Eug.	Heinz Emile	Lentz Camille	Parti autonomiste: Dr Ross Charles	Schall Paul	Heil Charles Paul	Nast Alfred	Fix Charles
2	96 *107*	104 *130*	89 *139*	87	84	11	9	8	9	6	71 *233*	48	44	42	33
14	244 *374*	251 *370*	218 *364*	207	224	22	16	18	19	15	102 *374*	77	84	67	66
15	223 *386*	234 *406*	216 *392*	219	218	23	22	22	16	17	93 *401*	65	60	75	74
18	201 *403*	253 *404*	244 *396*	205	246	24	23	23	23	22	84 *394*	77	70	71	68
10	200 *378*	205 *377*	170 *361*	177	170	26	26	24	23	21	110 *363*	92	68	98	80
35	397 *666*	418 *671*	338 *616*	390	360	16	16	13	16	12	137 *667*	88	71	111	65
	1.418 *2.416*	1.462 *2.433*	1.280 *2.311*	1.290	1.270	122	114	108	107	93	608 *2.422*	461	422	464	383

N°	Parti républ. démocr. et Apna: Haug Hugo	Gers Pierre	Moser Victor	Baas Henri	Schweitz Jules	Parti als. du progrès rép.: Dahler Camille	Tillmann Guill.	Gossmann Frédér.	Walter Charles	Weil Paul	Groupe indép. des anc. comb. et invalides de guerre: Schneider Frédéric	Meyer Charles	Weckel Alfred	Angst Eugène	Unterstock Georg.	Mueschel Henri	Divers
2	72 *162*	66 *96*	66 *94*	67 *98*	64 *85*	30	20	18	19	19	4	4	4	4	4	— *191*	— *31*
14	84 *112*	75 *99*	70 *97*	73 *95*	72 *96*	54	32	27	30	28	6	8	9	8	7	— *364*	— *63*
15	83 *100*	76 *93*	71 *90*	76 *91*	67 *89*	37	24	24	10	14	10	8	8	7	7	— *386*	— *65*
18	69 *89*	58 *78*	56 *78*	57 *80*	56 *75*	22	19	17	17	17	10	10	14	13	16	— *392*	— *71*
10	102 *123*	98 *113*	96 *111*	93 *110*	91 *105*	36	28	21	22	21	8	6	6	6	8	— *354*	— *65*
35	69 *109*	60 *96*	62 *90*	63 *96*	61 *91*	40	26	20	22	21	19	9	11	9	11	— *642*	— —
	490 *656*	450 *570*	429 *565*	431 *560*	412 *546*	219 —	149 —	123	116	115	54 —	51	51	49	49	— *2.339*	— *263*

Au premier tour de scrutin aucun des candidats n'a réuni les conditions exigées par la loi pour être élu.

Kein Kandidat hat beim 1. Wahlgang die durch das Gesetz vorgeschriebenen Bedingungen erfüllt, um gewählt zu werden.

Au deuxième tour de scrutin ont été élus :
Beim 2. Wahlgang wurden gewählt :

MM. Mourer Jean-Pierre (Parti communiste) .... 2.433 voix
Dr Ross Charles (Parti autonomiste) .... 2.422 »
Hueber Charles (Parti communiste) .... 2.414 »

MM. Mueschel Henri (Parti communiste) .... 2.339 voix
Heck René (Parti communiste) .... 2.311 »

[illegible]

2e Section : CANTON EST.

[illegible]	Parti socialiste (S.F.I.O.)	Union popul. républ. (U.P.R.)	Parti communiste	Union des républicains de gauche	Parti [illegible]	Parti républicain démocratique et [illegible]	Parti alsacien du progrès républicain	[illegible] et [illegible] de guerre	[illegible]
[illegible]	[illegible]	[illegible]	[illegible]	[illegible]	[illegible]	[illegible]	[illegible]	[illegible]	[illegible]

[illegible]

4e Section : CANTON OUEST.

[illegible]	Parti socialiste S.F.I.O.	Union popul. républ. U.P.R.	Parti communiste	Union des républicains de gauche	Parti [illegible] — Union [illegible]	Parti républicain démocratique et [illegible]	Parti [illegible] des [illegible] républicains	[illegible]
[illegible]	[illegible]	[illegible]	[illegible]	[illegible]	[illegible]	[illegible]	[illegible]	[illegible]

[illegible]

C) Tableau synoptique des résultats des élections municipales du 5 mai 1929 (1er tour de scrutin).

Gegenüberstellung der Ergebnisse der Gemeinderatswahlen vom 5. Mai 1929. (1. Wahlgang). Tabelle.

Forces respectives des partis ou tendances politiques. — Stärkeverhältnisse der politischen Parteien oder Strömungen.

Remarque. Dans ce tableau, les noms des candidats ont été rangés suivant leur ordre sur les bulletins de vote déposés par les partis politiques dans les bureaux de vote.

Les chiffres en italiques sous les suffrages recueillis par chaque candidat sont les indices établis sur la base des suffrages du candidat le moins favorisé de la liste égale à 100. Ainsi dans le canton Nord, le candidat M. Fischer a recueilli le plus petit nombre de suffrages du parti socialiste, 2 353 voix. Les suffrages recueillis par les autres candidats sont ramenés à 100 sur la base de ce chiffre. Ces indices permettent de suivre plus facilement la série des chiffres des diverses listes, l'écart entre le chiffre maximum et le minimum, les effets du panachage, la détermination du terme médian de la série, du mode ou du chiffre dominant, etc.

Le chiffre minimum de la série est souligné une fois et le terme médian, deux fois.

La dernière rubrique nous indique le taux des forces respectives des partis ou tendances politiques, révélées par ces suffrages dans les différents cantons.

Bemerkung: In dieser Tabelle sind die Namen der Kandidaten in der Reihenfolge der von den Parteien in den Stimmlokalen aufgelegten Stimmzettel aufgeführt.

Die Ziffern in Kursivschrift unter der Stimmenzahl eines jeden Kandidaten sind Indexziffern, welche auf der Grundlage der Stimmenzahl des am wenigsten begünstigten Kandidaten der Liste (= 100) berechnet wurden. So hat z. B. im Nordkanton der Kandidat Fischer der sozialistischen Partei am wenigsten Stimmen erhalten: 2 353. Die Stimmenzahlen der anderen Kandidaten sind auf 100 unter Zugrundelegung dieser Ausgangsziffer bezogen. Diese Indices gestatten eine bequeme Übersicht über die Stimmenverhältnisse einer jeden Liste, eine rasche Einschätzung des Abstandes zwischen der Mindest- und Höchstziffer, der Wirkungen des Streichungen, die Bestimmung des Mittelgliedes der Zahlenreihe, der häufigsten Ziffer usw. Die Mindestziffer ist hierunter einmal unterstrichen und das Mittelglied der Serie, zweimal.

Die letzte Spalte zeigt uns die Stärkeverhältnisse der politischen Parteien und Schattierungen auf Grund dieser Abstimmung in den einzelnen Kantonen an.

1er tour de scrutin. — 1. Wahlgang.

Each cell: candidate — votes (index). Last columns: Total des suffrages obtenus par les partis / Gesamtstimmenzahl der Parteien: chiffre absolu; en % du total des suffrages / in % der Gesamtzahl.

Parti socialiste (S. F. I. O.)

Section	1	2	3	4	5	6	7	8	9	10	11	Chiffre absolu	%
Ire section, canton Nord	Peirotes — 3.211 (136,46)	Imbs — 2.688 (114,24)	Naegelen — 2.712 (115,21)	Riehl — 2.647 (112,49)	Schärdler — 2.450 (104,12)	Schmitt — 2.481 (105,44)	Fischer — 2.353 (100)	Sammel — 2.400 (102)	Wad Mythl — 2.364 (100,47)	Dubs — 2.367 (100,59)	Leopold — 2.376 (100,98)	28.049	25,05
IIe section, canton Sud	Frenzen — 1.402 (111,1)	Pohn — 1.284 (101,75)	Buchler — 1.290 (102,30)	Siedel — 1.287 (101,98)	Strauss — 1.262 (100)							6.525	27,79
III[e] sect., c. cant. Est	[illegible] — 2.701 (112,37)	Meyer Louis — 2.442 (101,58)	Herbi — 2.532 (105,32)	Itz — 2.515 (104,62)	Naegelen — 2.548 (105,99)	Hensler — 2.511 (104,45)	Brunner — 2.404 (100)	Heckel — 2.427 (100,96)	Ihligarth — 2.406 (100,1)	Borris — 2.411 (100,3)		24.956	27,46
IVe section, cant. Ouest	Peirotes — 2.231 (111,5)	Meyer Louis — 2.047 (102,3)	Imbs — 2.127 (106,3)	Riehl — 2.129 (106,40)	Kapp — 2.012 (100,55)	Strauss — 2.020 (100,94)	Hüberg — 2.023 (101,1)	Kuhn — 2.001 (100)	Gabel Jos. — 2.027 (101,3)	Schenk — 2.002 (100,1)	Total …	20.934 / 80.464	23,62 / 25,55

Parti démocrat. et Apna

Section	1	2	3	4	5	6	7	8	9	10	11	Chiffre absolu	%
Ire section, canton Nord	Haug — 3.258 (120,04)	Andres — 2.886 (106,32)	Becker — 2.814 (103,68)	Braun — 2.875 (103,81)	Dietz — 2.978 (109,74)	Gumm — 2.957 (108,95)	Henning — 2.969 (109,39)	Pfill — 2.758 (101,63)	Stehling — 3.025 (111,45)	Schneider — 2.714 (100)	Strohmeyer — 2.916 (107,44)	32.165	26,52
II[e] section, canton Sud	Haug — 480 (116,50)	Gutt — 439 (106,55)	Meese — 429 (104,13)	Sass — 431 (104,62)	Schwartz — 412 (100)							2.191	9,33
III[e] section, canton Est	Haug — 945 (116)	Bloch — 813 (100)	Bourgeois — 854 (105,05)	Gutt — 867 (106,65)	Meer — 876 (107,76)	Gottlieb — 856 (105,3)	Sage — 862 (106,3)	Schreiber — 856 (105,3)	Stehling — 909 (111,81)	Strohmeyer — 867 (106,65)		8.702	8,59
IV[e] section, cant. Ouest	Haug — 1.303 (126,02)	Ritch — 1.162 (112,38)	Pfeiffer — 1.145 (110,74)	Brion — 1.213 (117,31)	Chapelle — 1.120 (108,32)	Hermenberger — 1.162 (112,38)	Vetterlan — 1.180 (114,12)	Gunzer — 1.227 (118,67)	Ortlieb — 1.143 (110,55)	Schwing — 1.034 (100)	Total …	11.689 / 54.748	12,30 / 17,38

Parti communiste

Section	1	2	3	4	5	6	7	8	9	10	11	Chiffre absolu	%
I[re] section, canton Nord	Hueber — 1.405 (120,09)	Haas — 1.361 (116,32)	Mourer — 1.471 (125,73)	Lamers — 1.326 (113,34)	Armand — 1.207 (103,17)	Wolf — 1.235 (105,56)	Hirschfeld — 1.243 (106,24)	Walch — 1.282 (109,57)	Holl — 1.190 (101,71)	Meyer Guill. — 1.189 (101,63)	Hangsalz — 1.170 (100)	14.082	12,47
II[e] section, canton Sud	Mourer — 1.415 (112,38)	Moore — 1.403 (111,35)	Hirth — 1.256 (100,32)	Heypel — 1.260 (101,1)	Sandner — 1.270 (100)							6.727	28,65
III[e] section, canton Est	Hocker — 2.781 (108,16)	Heypel — 2.822 (109,75)	Haas — 2.656 (104,25)	Hengsdorf — 2.641 (102,86)	Schlack — 2.598 (101,22)	Fernenbach — 2.591 (101,23)	Metz — 2.660 (104,35)	Rohn — 2.591 (102,64)	Wellrich — 2.575 (101,34)	Moschberger — 2.549 (100)		26.437	29,15
IV[e] section, cant. Ouest	Hueber — 2.243 (111,59)	Mourer — 2.301 (114,48)	Mourschel — 2.241 (111,49)	Lorenz — 2.149 (106,92)	Lebrun — 2.055 (102,23)	Lauser — 2.010 (100)	Weingg — 2.062 (102,58)	Hauer — 2.021 (100,50)	Risch — 2.021 (100,55)	Meyer Paul — 2.063 (102,64)	Total …	21.240 / 68.495	24,18 / 21,75

Union popul. républic. (U.P.R.)

Section	1	2	3	4	5	6	7	8	9	10	11	Chiffre absolu	%
Ire section, canton Nord	Walter — 1.493 (126,42)	Ritter — 1.444 (122,21)	Hauswald — 1.198 (101,44)	Müller — 1.254 (106,16)	Kieffer — 1.210 (102,46)	Adam — 1.319 (111,69)	Lutz — 1.181 (100)	Schmitt L. — 1.251 (105,93)	Herbert — 1.196 (101,27)	Gabel Alb. — 1.220 (103,31)	Merckel — 1.324 (112,11)	14.090	12,49
IIe section, canton Sud	Walter — 456 (109,41)	Sprenger — 429 (103,81)	Holtzmann — 469 (112,95)	Adam — 441 (102,79)	Lehner — 416 (100)							4.182	17,81
IIIe section, canton Est	Walter — 1.344 (115,47)	Schott — 1.274 (109,45)	Kessler Ch. — 1.329 (114,18)	Ingrand — 1.178 (101,03)	Hartz — 1.250 (107,4)	Gerberg — 1.176 (101,03)	Pfilinger — 1.283 (110,22)	Adam — 1.175 (100,95)	Heitzmann — 1.206 (103,61)	Müller — 1.164 (100)		12.477	13,74
IVe section, cant. Ouest	Walter — 1.711 (121,61)	Spinner — 1.520 (108,03)	Gabel Alb. — 1.504 (106,90)	Bourgel — 1.483 (105,4)	Schott — 1.452 (103,2)	Adam — 1.449 (102,99)	Merckel — 1.544 (109,74)	Waetz — 1.463 (103,98)	Kessler Ch. — 1.502 (106,75)	Ingrand — 1.407 (100)	Total …	15.035 / 45.784	17,12 / 14,54

Parti autonomiste (Unabhängige Landespartei)

Section	1	2	3	4	5	6	7	8	9	10	11	Chiffre absolu	%
Ire section, canton Nord	Le Brun — 1.657 (138,31)	Schall — 1.546 (117,93)	Hauss — 1.520 (141,8)	Ulrich — 1.197 (111,66)	Forsch — 1.147 (106,97)	Meltz — 1.105 (103,08)	Hall — 1.303 (121,55)	Heimburger — 1.216 (113,44)	Hirsch — 1.086 (101,31)	Schmitt Jean — 1.072 (100)	Gantzel — 1.131 (105,55)	14.070	13,47
II[e] section, canton Sud	Le Brun — 696 (159,6)	Schall — 461 (121,0)	Hall — 432 (110,77)	Nast — 464 (121,8)	Fix — 391 (100)							2.336	9,95
III[e] section, canton Est	Le Brun — 1.345 (147,58)	Schall — 1.214 (127,08)	Hauss — 1.193 (125,27)	[illegible] — 1.164 (124,0)	[illegible] — 1.045 (110,11)	[illegible] — 1.044 (109,90)	[illegible] — 1.029 (105,33)	[illegible] — 1.019 (106,95)	[illegible] — 950 (100)	[illegible] — 948 (107,9)		10.950	12,10
IV[e] section, cant. Ouest	Le Brun — 1.468 (152,93)	Schall — 1.304 (143,11)	Hauss — 1.418 (141,53)	[illegible] — 1.297 (122,11)	[illegible] — 1.128 (110,05)	[illegible] — 1.094 (106,38)	[illegible] — 1.149 (122,01)	[illegible] — 1.020 (104,26)	[illegible] — 1.060 (111,12)	[illegible] — 912 (100)	Total …	11.354 / 39.240	13,46 / 12,46

Parti als. du progrès républ. (Fortschrittspartei)

Section	1	2	3	4	5	6	7	8	9	10	11	Chiffre absolu	%
Ire section, canton Nord	Daul — 380 (266,16)	Dambach — 323 (104,63)	[illegible] — 350 (116,7)	[illegible] — 332 (102,2)	[illegible] — 384 (118,26)	[illegible] — 438 (126,82)	[illegible] — 460 (141,54)	[illegible] — 380 (116,47)	[illegible] — 325 (100)	[illegible] — 345 (106,26)	[illegible] — 420 (129,23)	4.140	4,87
II[e] section, canton Sud	[illegible] — 319 (109,7)	[illegible] — 149 (101,3)	[illegible] — 123 (111,9)	[illegible] — 110 (100)	[illegible] — 115 (104,6)							719	3,06
III[e] section, canton Est	Daul — 702 (165,77)	[illegible] — 602 (157,9)	[illegible] — 481 (126,63)	[illegible] — 383 (100,27)	[illegible] — 409 (107,7)	[illegible] — 390 (102,1)	[illegible] — 492 (128,8)	[illegible] — 437 (114,4)	[illegible] — 412 (107,86)	[illegible] — 382 (100)		4.790	5,18
IV[e] section, cant. Ouest	[illegible] — 428 (210,6)	[illegible] — 366 (134)	[illegible] — 338 (117,19)	[illegible] — 351 (109,24)	[illegible] — 306 (100)	[illegible] — 340 (112,32)	[illegible] — 330 (105,67)	[illegible] — 330 (110,57)	[illegible] — 497 (164,03)	[illegible] — 306 (100,07)	Total …	3.614 / 14.376	4,24 / 4,56

Union des républ. de gauche (Bürgerblock)

Section	1	2	3	4	5	6	7	8	9	10	11	Chiffre absolu	%
Ire section, canton Nord	[illegible] — 580 (231,1)	[illegible] — 427 (149,33)	[illegible] — 457 (170,63)	[illegible] — 435 (169,5)	[illegible] — 432 (167,41)	[illegible] — 348 (178,46)	[illegible] — 349 (130,23)	[illegible] — 268 (100)	[illegible] — 386 (144,4)	[illegible] — 390 (145,7)	[illegible] — 360 (134,3)	4.361	3,88
II[e] section, canton Sud	[illegible] — 122 (129,8)	[illegible] — 114 (100)	[illegible] — 108 (112,9)	[illegible] — 107 (112,7)	[illegible] — 95 (100)							546	2,53
III[e] section, canton Est	[illegible] — 261 (149,2)	[illegible] — 257 (146,0)	[illegible] — 227 (131,21)	[illegible] — 187 (108,1)	[illegible] — 173 (100)	[illegible] — 188 (108,7)	[illegible] — 174 (100,6)	[illegible] — 180 (104,03)	[illegible] — 187 (108,1)	[illegible] — 212 (122,6)		2.408	2,24
IV[e] section, cant. Ouest	[illegible] — 293 (109,66)	[illegible] — 279 (107,91)	[illegible] — 309 (119,20)	[illegible] — 276 (145,02)	[illegible] — 281 (111,5)	[illegible] — 264 (106,14)	[illegible] — 267 (106,44)	[illegible] — 274 (105,31)	[illegible] — 253 (100)	[illegible] — 315 (124,5)	Total …	2.919 / 9.872	3,32 / 3,14

Groupe indép. d. anc. comb. et inval. d. guerre

Section	1	2	3	4	5	Chiffre absolu	%
Ire section, canton Nord	Schneider Fréd. — 143 (122,2)	Meyer Ch. — 116 (100,9)	Weckel — 124 (106)	Anpol — 123 (105,2)	Unterbach — 117 (100)	625	0,55
IIe section, canton Sud	Schneider Fréd. — 54 (110,2)	Meyer Ch. — 51 (104,1)	Weckel — 54 (110,2)	Anpol — 49 (100)	Unterbach — 49 (100)	257	1,09
IIIe section, canton Est	Schneider Fréd. — 105 (125,0)	Meyer Ch. — 84 (100)	Weckel — 111 (132,2)	Anpol — 95 (113,1)	Unterbach — 92 (109,6)	490	0,54
IVe section, cant. Ouest	Schneider Fréd. — 126 (111,6)	Meyer Ch. — 118 (113,5)	Weckel — 112 (107,7)	Anpol — 104 (100)	Unterbach — 109 (104,8)	Total … 554 / 1.930	0,63 / 0,62

Récapitulation. — Zusammenstellung.

	Total des voix obtenues / Erhaltene Stimmen	En p. cent / in %
Parti socialiste (Sozialistische Partei)	80 464	25,55 %
Parti républ. démocratique et Apna (demokrat. Partei u. Apna oder Action popul. nat. d'Als.)	54.748	17,36 %
Parti communiste (Kommunistische Partei)	68.496	21,75 %
U. P. R. (Elsässische Volkspartei)	45.784	14,54 %
Parti autonomiste (Unabhängige Landespartei)	39 340	12,49 %
Parti als. du progrès républ. (Fortschrittspartei)	14.376	4,56 %
Union des républ. de gauche (Bürgerblock)	9.873	3,14 %
Groupe indép. des anc. comb. et invalides de guerre (Unabhängige Gruppe der früheren Kriegskämpfer und Kriegsinvaliden)	1.930	0,62 %
Total	314.921	100 %

Le parti socialiste et le parti démocratique avec l'Apna ont recueilli ensemble 135.212 voix sur un total de 314.921, soit 42,9%.

Pour apprécier les forces respectives des partis politiques de Strasbourg, manifestées par les suffrages exprimés le 5 mai 1929, il faut tenir compte de la circonstance très importante suivante: l'électeur du canton de Strasbourg-Sud n'a eu que 5 voix, celui du Nord 11 voix et celui des cantons Est et Ouest 10 voix.

Die sozialistische Partei und die demokratische Partei mit der Apna haben zusammen 135 212 Stimmen von einer Gesamtzahl von 314 921, d. h. 42,9 Prozent, auf sich vereinigt.

Bei der Beurteilung der Stärkeverhältnisse der politischen Parteien auf Grund der Ergebnisse vom 5. Mai 1929 muss jedoch dem Umstand Rechnung getragen werden, dass der Wähler im Südkanton 5 Stimmen hatte, der Wähler im Nordkanton 11 Stimmen und in Ost und West deren 10.

Tableau synoptique des taux et résultats au 2e tour de scrutin du 12 mai 1929.

Gegenüberstellung der Verhältniszahlen und Einzelergebnisse des 2. Wahlgangs vom 12. Mai 1929.

Les candidats élus sont soulignés. M. Peirotes, qui avait maintenu sa candidature dans les 4 cantons, a été élu à la fois dans les cantons Nord et Ouest. M. Imbs, qui avait maintenu sa candidature dans les cantons Nord, Est et Ouest, a été élu à la fois dans les cantons Nord et Ouest. Il en est de même de M. Riehl.

Les indices imprimés en italiques sous les suffrages des candidats sont basés sur le nombre minimum des voix de la série (= 100) ; ils nous indiquent les effets du panachage. L'indice du terme médian (ou des 2 termes médians dans les cantons Est et Ouest) sont soulignés.

Die gewählten Kandidaten sind unterstrichen.

M. Peirotes, welcher seine Kandidatur in allen 4 Kantonen aufrecht erhielt, ist zugleich in den Kantonen Nord und West gewählt worden. M. Imbs, welcher seine Kandidatur in den Kantonen Nord, Ost und West aufrecht erhielt, ist zugleich in den Kantonen Nord und West gewählt worden; desgl. M. Riehl.

Bei den in Kursivschrift gedruckten Indices unter den Stimmenzahlen der Kandidaten ist die geringste Stimmenzahl der Serie (= 100) zugrunde gelegt; sie geben uns die Wirkungen der durch die Wähler vorgenommenen Streichungen und Aenderungen der Listen an. Der Index des Mittelgliedes (oder der beiden Mittelglieder der Serie in dem Ost- und Westkanton) ist unterstrichen.

												Total des suffrages obtenus par les partis / Gesamtstimmenzahl der Parteien — Chiffre abs. / absolut	en % du total des suffrages / in % der Gesamtstim.
Parti socialiste (S.F.I.O.) Sozialistische Partei	Peirotes	Imbs	Nægelen	Riehl	Schneider G.	Schmitt L.	Fischer	Sammel	Weil Myrtil	Dorsi	Leopold		
Ire section, canton Nord	4.039 *122,3*	3.687 *111,7*	3.699 *112,02*	3.599 *109*	3.406 *103,1*	3.408 *103,2*	3.302 *100*	3.338 *101,1*	3.414 *103,4*	3.302 *100*	3.327 *100,8*	38.521	34,96
	Peirotes	Bohn	Kunkler	Steibel	Strasser								
IIe section, canton Sud	1.753 *110,7*	1.612 *101,8*	1.620 *102,34*	1.613 *101,9*	1.583 *100*							8.181	35,61
	Peirotes	Meyer L.	Riehl	Imbs	Nægelen	Hincker	Bronner	Ruhfel	Dilligarth	Kuntz			
IIIe section, canton Est	3.332 *111,36*	2.999 *100,23*	3.113 *104,04*	3.121 *104,31*	3.128 *104,54*	3.069 *102,57*	2.992 *100*	3.008 *100,53*	2.995 *100,1*	3.000 *100,27*		30.757	34,17
	Peirotes	Meyer L.	Imbs	Riehl	Kapp	Brandt	Holweg	Kuhn	Gabel Jos.	Schoch			
IVe section, cant. Ouest	3.018 *113,89*	2.730 *103,02*	2.848 *107,47*	2.837 *107,06*	2.674 *100,9*	2.688 *101,43*	2.710 *102,26*	2.650 *100*	2.691 *101,55*	2.680 *101,13*	Total...	27.526 104.985	29,77 33,25
Union républic. pour la défense des intérêts com. (Parti démocrat. et Apna)	Haug	Batier	Bloch	Brion	Garcin	Mæchling	Stæhling	Streisguth	Federlin	Guri	Saas		
Ire section, canton Nord	3.886 *115,69*	3.410 *101,52*	3.466 *103,19*	3.599 *107,14*	3.599 *107,14*	3.569 *106,25*	3.607 *107,38*	3.487 *103,81*	3.475 *103,45*	3.430 *102,11*	3.359 *100*	38.887	35,28
	Haug	Guri	Moser	Saas	Scherwitz								
IIe section, canton Sud	636 *117,35*	570 *105,17*	563 *103,88*	569 *104,99*	542 *100*							2.880	12,54
	Haug	Bloch	Durrenberger	Guri	Moser	Ortlieb	Saas	Scherwitz	Stæhling	Streisguth			
IIIe section, canton Est	1.408 *118,32*	1.190 *100*	1.248 *104,88*	1.283 *107,82*	1.266 *106,39*	1.242 *104,37*	1.268 *106,56*	1.227 *103,11*	1.307 *109,84*	1.253 *105,30*		12.692	14,10
	Haug	Bloch	Bœhm	Brion	Chapelle	Durrenberger	Federlin	Garcin	Ortlieb	Schwing			
IVe section, cant. Ouest	1.447 *121,19*	1.250 *104,69*	1.238 *103,69*	1.313 *109,97*	1.194 *100*	1.237 *103,6*	1.268 *106,20*	1.311 *109,80*	1.243 *104,11*	1.211 *101,43*	Total...	12.712 67.171	13,75 21,28
Parti communiste avec la Landespartei	Hueber	Mourer	Heck	Dr Roos	Muerschel								
IIe section, canton Sud	2.416 *104,54*	2.433 *105,28*	2.311 *100*	2.422 *104,80*	2.329 *100,78*							11.911	51,85
	Heysch	Haas	Hengstler	Schluck	Ferrenbach	Mohn	Schall	Heil	Schlegel	Fassnacht			
IIIe section, canton Est	4.805 *105,19*	4.704 *102,97*	4.595 *100,59*	4.576 *100,17*	4.596 *100,61*	4.643 *101,64*	4.742 *1 03,81*	4.673 *102,30*	4.657 *101,95*	4.568 *100*		46.559	51,73
	Lorenz	Liebrich	Lazarus	Schropp	Bauer	Risch	Rohrbacher	Walch	Muehlberger	Armand			
Parti communiste seul — IVe section, cant. Ouest	2.545 *108,16*	2.497 *106,12*	2.392 *101,66*	2.444 *103,87*	2.406 *102,25*	2.398 *101,91*	2.406 *102,25*	2.357 *100,17*	2.356 *100,13*	2.353 *100*	Total...	24.154 82.624	26,12 26,18
Liste commune de l'U.P.R., de la Landespartei et du parti progr. Gemeinsame Liste der Elsässischen Volkspartei, der Unabhängigen Landespartei und der Fortschrittspartei	Adam	Gabel Alex.	Freydt	Reisacher	Gœtzmann	Heussner	Weil Paul	Tillmann	Stœffler	Pflieger	Wirtz		
Ire section, canton Nord	3.031 *105,13*	2.990 *103,71*	2.958 *102,60*	3.047 *105,69*	2.960 *102,67*	2.992 *103,78*	2.883 *100*	3.010 *104,41*	2.979 *103,33*	2.964 *102,81*	2.989 *103,68*	32.803	29,76
	Walter	Spiesser	Merckel	Kœssler	Hauss	Ulrich	Dahlet	Klein	Heitzmann	Schies			
IVe section, cant. Ouest	2.843 *104,52*	2.804 *103,09*	2.800 *102,94*	2.795 *102,76*	2.901 *106,65*	2.741 *100,77*	2.867 *105,40*	2.861 *105,18*	2.720 *100*	2.745 *100,92*	Total...	28.077 60.880	30,36 19,29

Ont été élus :
Gewählt wurden :

au canton Nord : MM. Peirotes, Haug, Nægelen, Imbs, Stæhling, Riehl, Brion, Garcin, Mæchling, Streisguth, Federlin.

au canton Sud : MM. Mourer, Dr Roos, Hueber, Muerschel, Heck.

au canton Est : MM. Heysch, Schall, Haas, Heil, Schlegel, Mohn, Ferrenbach, Hengstler, Schluck, Fassnacht.

au canton Ouest : MM. Peirotes, Hauss, Dahlet, Klein, Imbs, Walter, Riehl, Spiesser, Merckel, Kœssler.

Parti socialiste (dans les 4 cantons)	104.985 voix, soit 33,25 p. cent
Liste commune de l'U. P. R., de la Landespartei et du parti progr. (dans 2 cantons)	60.880 voix, soit 19,29 p. cent
Union républ. pour la défense des intérêts commun. (Parti démocr. et Apna) dans les 4 cant..	67.171 voix, soit 21,28 p. cent
Parti communiste et Landespartei (aux cantons Est et Sud) ; Parti communiste seul (au canton Ouest) *	82.624 voix, soit 26,18 p. cent
	315.660 voix, soit 100 p. cent

*Le parti communiste n'a pas présenté de candidats au canton Nord, où il avait recueilli 14.062 voix, soit 12,5 p. cent du total au premier tour avec une moyenne de 1.278 voix par candidat.

*Die kommunistische Partei hat keine Kandidaten im Nordkanton aufgestellt, wo sie beim ersten Wahlgang, am 5. Mai 1929, 14 062 Stimmen, d. h. 12,5 % der Gesamtzahl oder einen Durchschnitt von 1 278 Stimmen pro Kandidaten, erhielt.

La ville est « sectionnée » ou divisée pour les élections législatives, municipales et cantonales en 4 sections électorales ou cantons et la population se répartit ainsi comme suit :

Die Stadt ist für die Kammer-, Gemeinderats- und Kantonalwahlen in 4 Sektionen oder Kantone eingeteilt und die Bevölkerung verteilt sich hiernach wie folgt :

Canton ou section électorale Wahlbezirk	Habitants Einwohner chiffre Anzahl	en pour cent in Prozent	Électeurs inscr. en 1929* (Liste électorale arrêtée le 31 mars)	en pour cent in Prozent	Nombre de conseillers municipaux à élire Zahl der zu wählenden Gemeinderatsmitglieder
Nord	56.939	32,6	14.054	31,30	11 cons. mun., soit en % 30,6 Gemeindermtgl.
Est (Ost)	46.208	26,5	12.307	27,41	10 » » » » 27,7
Sud............	27.587	15,8	6.387	14,23	5 » » » » 14,0
Ouest (West) ...	43.758	25,1	12.149	27,06	10 » » » » 27,7
Total......	174.492	100,0	44.897	100,0	36 100,0

* Le nombre des électeurs inscrits à la date des élections même peut varier légèrement par suite des changements ordonnés par décision judiciaire et des radiations des électeurs décédés et privés des droits civils et politiques par jugement ayant acquis force de chose jugée postérieurement à la clôture de la liste électorale.

* Die Zahl der eingeschriebenen Wähler an den Wahltagen selbst ändert sich auch nach dem Abschluss der Wählerliste, infolge gerichtlicher Anordnungen, sowie durch Streichung Gestorbener oder durch Gerichtsurteil der bürgerlichen Ehrenrechte verlustig gegangener Personen.

Suffrages obtenus en moyenne au premier tour de scrutin du 5 mai 1929 par chacun des candidats des différents partis politiques aux élections communales.

Mittlere Stimmenzahlen der Kandidaten der verschiedenen politischen Parteien bei den Gemeinderatswahlen vom 5. Mai 1929. (1. Wahlgang.)

Désignation des partis et des cantons	Suffrages obtenus / Erhaltene Stimmen	Nombre des candidats à élire / Zahl der zu wählenden Kandidaten	Moyenne — Im Mittel pro Kandidat: arithmétique / arithmet. Mittel	géométrique / geometrisch. Mittel	médiane (terme médian de la série) / Mittelglied der Serie	moyenne générale pour tous les 4 cantons / Gesamtdurchschnitt von allen 4 Kantonen	En % des voix obtenues en moyenne / Prozentsatz der mittler. Gesamtstimmenzahl der Parteien
Parti socialiste (S. F. I. O.)							
Canton Nord	28.259	11	2.569	2.557	2.481		
» Sud	6.527	5	1.305	1.304	1.287		
» Est	24.926	10	2.492	2.491	2.476		
» Ouest	20.752	10	2.075	2.074	2.031		
	80.464	36				2.235	25,55
Union républ. pour la déf. des intérêts communaux (Parti républ. démocr. et Apna)							
Canton Nord	32.165	11	2.924	2.921	2.916		
» Sud	2.191	5	438	437	431		
» Est	8.703	10	870	869	864		
» Ouest	11.689	10	1.169	1.167	1.162		
	54.748	36				1.520	17,38
Parti communiste							
Canton Nord	14.062	11	1.278	1.275	1.243		
» Sud	6.727	5	1.345	1.343	1.290		
» Est	26.457	10	2.646	2.644	2.624		
» Ouest	21.249	10	2.125	2.122	2.072		
	68.495	36				1.902	21,75
U. P. R.							
Canton Nord	14.090	11	1.281	1.277	1.251		
» Sud	4.182	5	836	835	819		
» Est	12.477	10	1.248	1.245	1.228		
» Ouest	15.035	10	1.503	1.502	1.492		
	45.784	36				1.272	14,54

Désignation des partis et des cantons	Suffrages obtenus Erhaltene Stimmen	Nombre des candidats à élire Zahl der zu wählenden Kandidaten	Moyenne — Im Mittel pro Kandidat				En % des voix obtenues en moyenne Prozentsatz der mittler. Gesamtstimmenzahl der Parteien
			arithmétique arithmet. Mittel	géométrique geometrisch. Mittel	médiane (terme médian de la série) Mittelglied der Serie	moyenne générale pour tous les 4 cantons Gesamtdurchschnitt von allen 4 Kantonen	
Parti autonomiste							
Canton Nord	14.070	11	1.279	1.263	1.197		
» Sud	2.336	5	467	463	461		
» Est	10.988	10	1.099	1.092	1.045		
» Ouest	11.854	10	1.185	1.174	1.137		
	39.248	36				1.090	12,46
Parti als. du progrès républ. (Elsässische Fortschrittsp.)							
Canton Nord	5.149	11	468	444	418		
» Sud	716	5	143	138	123		
» Est	4.700	10	470	460	424		
» Ouest	3.814	10	381	370	336		
	14.379	36				399	4,56
Union des républ. de gauche (Bürgerblock)							
Canton Nord	4.381	11	398	387	380		
» Sud	546	5	109	108	108		
» Est	2.036	10	204	202	189		
» Ouest	2.910	10	291	290	278		
	9.873	36				274	3,14
Groupe indép. des anc. combattants et invalides de guerre							
Canton Nord	625	11 (5)	125	125	123		
» Sud	257	5	51	51	51		
» Est	490	10 (5)	98	98	95		
» Ouest	558	10 (5)	111	110	112		
	1.930	36				54	0,62

Tableau synoptique des suffrages recueillis par les différents partis politiques dans l'ensemble des 4 cantons de Strasbourg aux élections municipales des 5 et 12 mai 1929

Vergleichende Zusammenstellung der durch die verschiedenen politischen Parteien in den 4 Wahlkantonen im gesamten erhaltenen Stimmen.

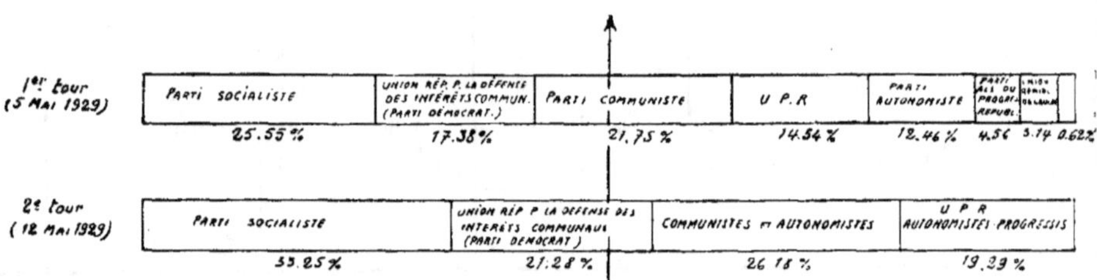

Dans le canton Nord, le parti communiste n'a pas présenté de candidats au 2e tour de scrutin du 12 mai 1929.

Im Kanton Nord hat die Kommunistische Partei beim 2. Wahlgang am 12. Mai 1929 keine Kandidaten aufgestellt.

Les résultats des élections municipales des 3 et 10 mai 1925.

Die Resultate der Gemeinderatswahlen vom 3. und 10. Mai 1925.

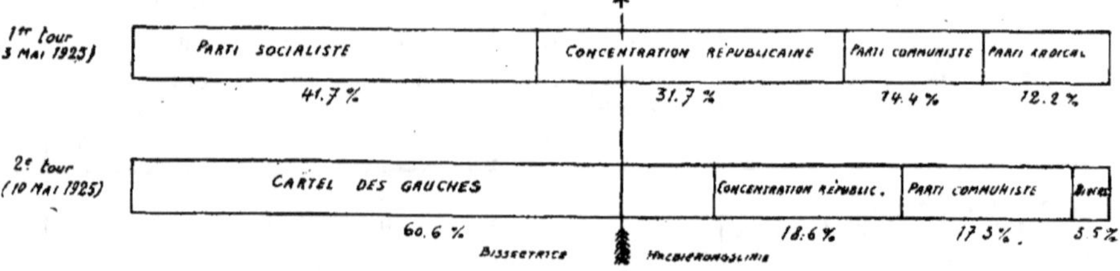

Suffrages recueillis par les partis politiques dans les différents quartiers de Strasbourg au 1er tour de scrutin du 5 mai 1929.

Stimmenverteilung zwischen den versch. politischen Parteien beim 1. Wahlgang vom 5. Mai 1929 in den verschiedenen Stadtteilen und Vororten.

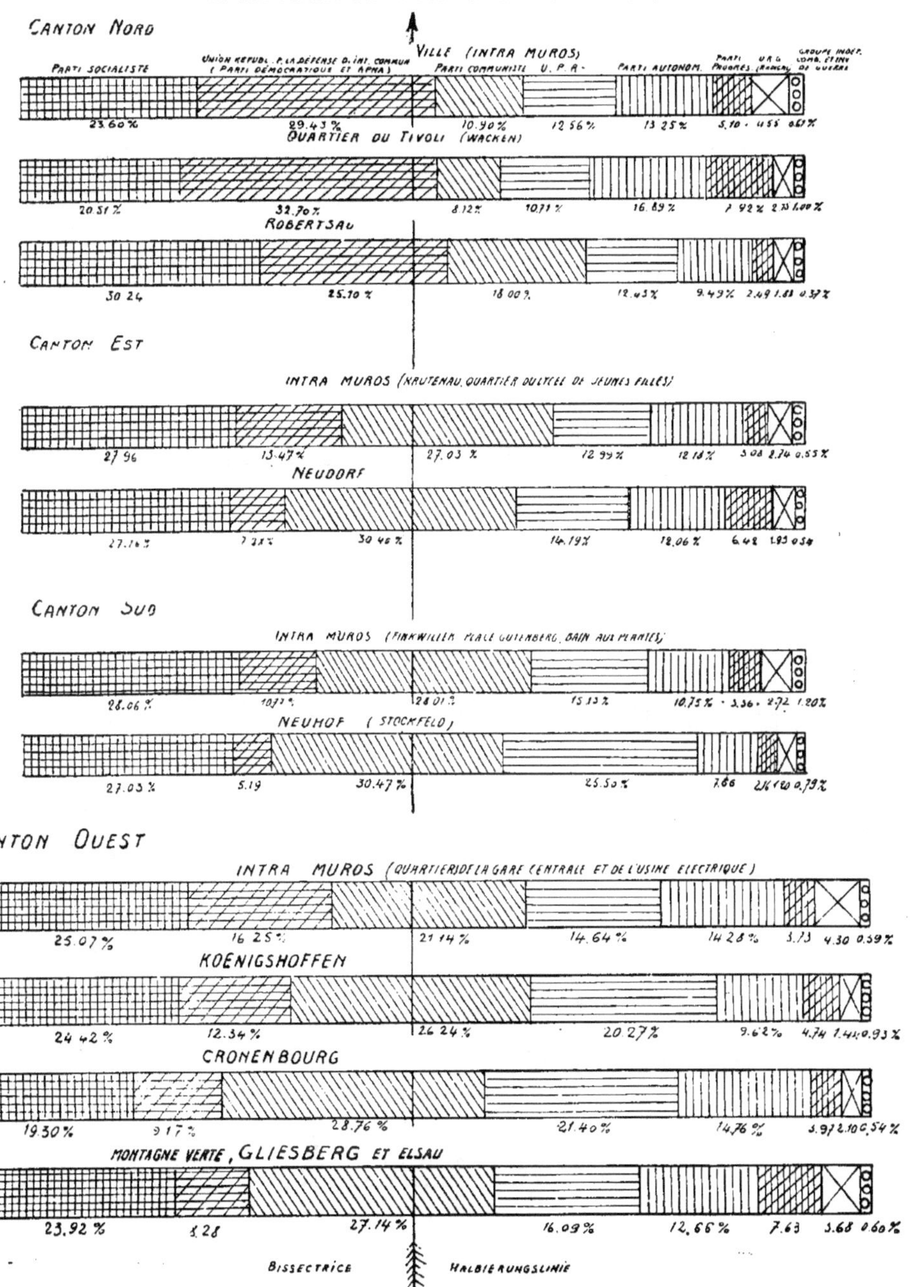

Suffrages recueillis par les différents partis politiques dans les 4 cantons de Strasbourg aux élections municipales des 5 et 12 mai 1929.

Stimmenverteilung zwischen den verschiedenen politischen Parteien in den 4 Wahlkantonen von Strassburg bei den Gemeinderatswahlen vom 5. und 12 Mai 1929.

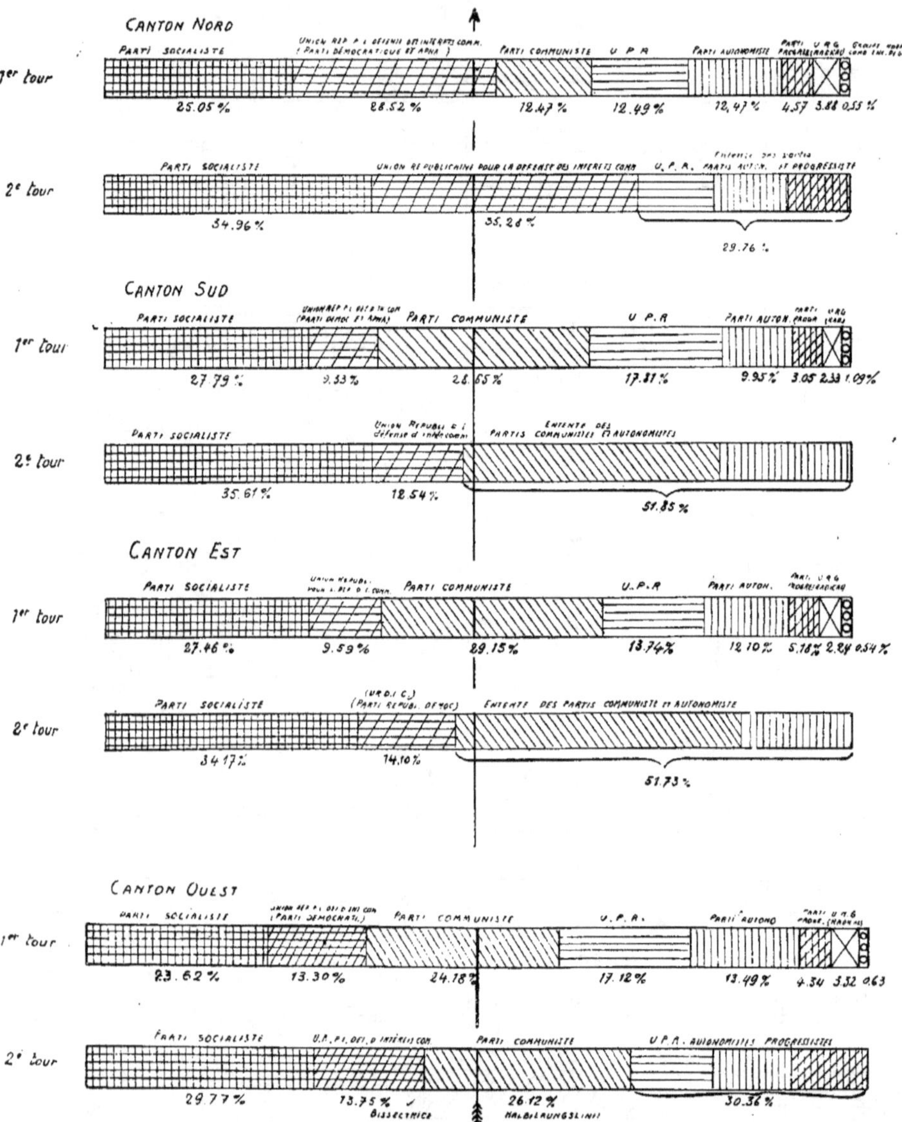

A titre de comparaison:

Répartition proportionelle des suffrages recueillis par les différents partis politiques aux élections municipales au mois de mai 1925.

(au premier tour de scrutin.)

Zum Vergleich.

Die prozentuale Verteilung der erhaltenen Stimmen der verschiedenen politischen Parteien bei den Gemeinderatswahlen vom Mai 1925.

(1. Wahlgang.)

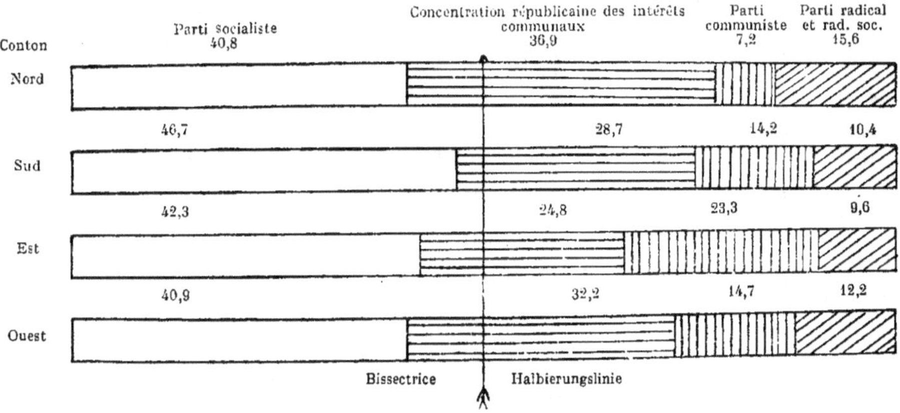

(Les chiffres indiquent le pourcentage des voix obtenues par chaque parti.)

(Die Ziffern geben den Prozentsatz der von jeder Partei erhaltenen Stimmen an.)

Le conseil municipal de Strasbourg, issu des élections municipales du 12 mai 1929, compte:

5 *députés*:

Der durch die Wahlen vom 12. Mai 1929 neugebildete Gemeinderat zählt:

5 *Kammerabgeordnete*:

MM. Camille Dahlet, René Hauss, Jacques Peirotes, Jean-Pierre Mourer et Michel Walter.

3 *conseillers généraux*:

3 *Generalrats-(Bezirkstags-) Mitglieder*:

MM. René Hauss, C.-P. Heil et Charles Hueber, Maire de Strasbourg.

1 *conseiller d'arrondissement*:

1 *Kreistagsmitglied*:

M. Michel Heysch.

Cinq conseillers municipaux élus le 12 mai 1929: MM. le député Peirotes (Maire sortant), Nægelen (adjoint sortant), Imbs (adjoint sortant), Riehl et le député Dahlet avaient appartenu au conseil municipal élu le 10 mai 1925 et dont le mandat a expiré au début de mai 1929.

Fünf am 12. Mai 1929 gewählte Gemeinderatsmitglieder: die Herren Député Peirotes (ausscheidender Bürgermeister), Nægelen (ausscheid. Beigeordneter), Imbs (ausscheid. Beigeordneter), Riehl, sowie Député Dahlet haben dem am 10. Mai 1925 gewählten Gemeinderate angehört, dessen Mandat im Mai 1929 abgelaufen ist.

D. Observations sur les élections.

a) Pourcentage des votants.

1re tour de scrutin.

Généralement, le pourcentage a été très fort et s'élève en moyenne à 76,5 p. cent des électeurs inscrits. Il a atteint dans les 4 cantons presque le même chiffre (voir le tableau, page 77bis) ; au canton Nord : 76 p. cent ; au canton Sud : 77,5 p. cent ; au canton Est : 77,3 p. cent et au canton Ouest : 75,7 p. cent. Le plus fort pourcentage est constaté dans le bureau de vote no 35 (Ecole B du Neuhof) au canton Sud avec 82,22 p. cent. Vient ensuite le bureau no 27 (Ecole primaire à la Robertsau, rue Bœcklin) au canton Nord avec 82,14 p. cent.

Par contre, le pourcentage a été le plus faible dans le bureau de vote no 21 (Lycée Kléber St-Jean) au canton Ouest avec un taux de 68,88 p. cent.

2e tour de scrutin.

Au deuxième tour de scrutin, le pourcentage est plus élevé et se chiffre à 78,43 p. cent, soit une augmentation d'environ 2 pour cent contre le premier tour.

b) Bulletins non valables.

Le nombre des bulletins non valables se chiffre au premier tour de scrutin à 535, soit 1,56 p. cent du total des votants. Le taux le plus élevé a été enregistré par le bureau no 13 (Ecole moyenne Ste-Madeleine) au canton Est avec 33 sur 1.000 votants. Le bureau de vote no 28 (Halle de l'Exposition au Wacken) n'avait que 3 bulletins non valables.

Au deuxième tour de scrutin, le nombre des bulletins non valables se chiffre à 619 ou 1,76 p. cent des votants.

c) Les forces respectives des partis ou tendances politiques révélées par les élections municipales du 5 mai 1929 à Strasbourg.

Huit listes de candidats ont été en présence dans chacun des quatre cantons ou sections de Strasbourg aux élections municipales du 5 mai 1929 (1er tour de scrutin) et ont sollicité les suffrages des 44.806 électeurs de la ville, en se basant sur des programmes ou professions de foi bien définis. Un tel nombre de listes n'a pas encore été vu à Strasbourg. Les partis politiques ont chacun présenté une liste spéciale,

D. Bemerkungen betr. die Wahlergebnisse.

a) Wahlbeteiligung.

1. Wahlgang.

Im allgemeinen war die Wahlbeteiligung sehr rege und betrug rund 76,5 Prozent der eingeschriebenen Wähler. Die Beteiligung in den einzelnen Kantonen war fast überall die gleiche (siehe Tabelle, Seite 77bis) und betrug im Kanton Nord 76 Prozent ; im Kanton Süd 77,5 Prozent ; im Kanton Ost 77,3 Prozent und im Kanton West 75,7 Prozent. Die stärkste Beteiligung hatte das Wahllokal No 35 (Ecole B in Neuhof) im Kanton Süd mit 82,22 Prozent aufzuweisen. Diesem folgt das Stimmlokal No 27 (Ecole primaire, rue Bœcklin, Ruprechtsau) im Kanton Nord mit 82,14 Prozent.

Die schwächste Beteiligung dagegen ist im Stimmbezirk No 21 (Lycée Kléber St-Jean) im Kanton West mit 68,88 Prozent festgestellt worden.

2. Wahlgang.

Beim 2. Wahlgang war die Beteiligung etwas stärker und betrug 78,43 Prozent, was einer Zunahme gegenüber dem 1. Wahlgang um rund 2 Prozent entspricht.

b) Ungültige Stimmzettel.

Die Zahl der ungültigen Stimmzettel betrug beim 1. Wahlgang 535, gleich 1,56 Prozent der abgegebenen Stimmen. Die meisten ungültigen Stimmen hatte das Wahllokal No 13 (Ecole moyenne Ste-Madeleine) im Kanton Ost zu verzeichnen mit 33. Die wenigsten ungültigen Stimmzettel wurden im Stimmlokal No 28 (Ausstellungshalle Wacken) ermittelt (3).

Beim 2. Wahlgang betrug die Zahl der ungültigen Stimmzettel 619 oder 1,76 Prozent der abgegebenen Stimmen.

c) Stärkeverhältnisse der politischen Parteien oder Tendenzen nach den Ergebnissen der Gemeinderatswahlen vom 5. Mai 1929 in Strassburg.

Acht Kandidatenlisten sind in jedem der 4 Kantone Strassburgs für die Gemeinderatswahlen vom 5. Mai 1929 (1. Wahlgang) aufgestellt worden und haben sich um die Stimmen der 44 806 Wähler, unter Berufung auf ein genau definiertes Programm, beworben. Noch nie haben wir in Strassburg eine solche Anzahl von Listen gesehen. Die politischen Parteien haben alle eine eigene Liste herausgegeben, mit Ausnahme

à l'exception de «l'Union républicaine pour la défense des intérêts communaux», où le parti démocrate avait fait cause commune avec l'Action populaire nationale d'Alsace (l'Apna). Les suffrages recueillis par les listes nous permettent d'apprécier séparément les tendances politiques des électeurs dans les 4 cantons. Mais pour se faire une idée exacte de ces tendances dans la ville entière, il ne suffit pas d'additionner purement et simplement les suffrages exprimés dans les 4 cantons, car le nombre des voix des électeurs a été très différent : l'électeur du canton Sud n'a eu que 5 voix, celui du canton Nord 11 voix et celui des cantons Est et Ouest 10 voix.

Outre ce procédé de l'addition des suffrages obtenus par l'ensemble des candidats d'une liste pour apprécier les tendances politiques, on peut recourir à la *moyenne* qui permet de simplifier ces séries statistiques, de les ramener à une caractéristique très brève, à un seul chiffre. Sans doute, la moyenne, comme toute simplification, ne correspond pas tout à fait à la réalité ; elle est telle que, s'il s'agit de suffrages, aucun candidat n'obtient peut-être en fait le chiffre moyen des suffrages. Pourtant, ce chiffre constitue bien une expression synthétique de l'ensemble de la série des nombres de voix recueillies par les différents candidats de la liste.

Dans ces appréciations intéressantes, nous pouvons nous servir de plusieurs sortes de moyennes : de la *moyenne arithmétique*, de la *moyenne géométrique*, de la *médiane* et *même du mode*.

Nous nous appuyerons surtout sur la moyenne arithmétique simple qui est le quotient de la somme des termes d'une série par leur nombre. Elle a l'avantage de ne pas exiger de longs calculs et elle est représentative de tous les termes, en l'espèce de tous les chiffres de voix recueillies par les candidats, sans exception. Mais elle a quelquefois l'inconvénient d'être trop influencée par les termes extrêmes, peut-être exceptionnels, de la série. Il en est ainsi de certaines séries de suffrages obtenus par les candidats aux élections du 5 mai 1929, où les candidats têtes de liste ont souvent réuni des chiffres exceptionnels de voix : par exemple, les suffrages du candidat Dr Charles Roos dans le canton Sud ont été supérieurs de 60 p. cent à ceux du candidat le moins favorisé de la liste.

Pour pouvoir comparer exactement l'ensemble des résultats des partis politiques dans la ville au moyen du total des suffrages exprimés, il faudra même recourir à la moyenne arithmétique *pondérée*, c'est-à-dire affectée d'un coefficient tenant compte de la différence des voix des électeurs dans les 4 cantons.

Afin d'éviter l'influence exagérée des termes extrêmes dans les diverses séries de suffrages des candidats, on employera, d'autre part, à titre de contrôle, la moyenne *géométrique*, qui est la racine carrée du produit des termes de

der «republikanischen Union zur Verteidigung der Gemeinde-Interessen», wo die demokratische Partei mit der Action populaire nationale d'Alsace — Apna —, eine Absplitterung der Elsässischen Volkspartei, gemeinsame Sache machten. Die auf diese Listen entfallenen Stimmen gestatten uns eine Einschätzung und Beurteilung der politischen Strömungen und Tendenzen der Wähler in den 4 Kantonen. Um sich jedoch ein genaues Gesamtbild derselben für die ganze Stadt zu machen, genügt es nicht die Stimmenzahlen in den vier Kantonen einfach zusammenzuzählen, denn die Stimmenzahl der Wähler in denselben ist grundverschieden, ebenso wie die Stärkeverhältnisse der Parteien; der Wähler im Südkanton hatte nur 5 Stimmen, derjenige des Nordkantons deren 11 und diejenigen des Ost- und Westkantons deren 10.

Neben der Gesamtzahl der auf eine Kandidatenliste entfallenden Stimmen zwecks Beurteilung der politischen Tendenzen, kann man noch zu anderen *Hilfsmitteln* greifen, zu den Durchschnittszahlen, welche eine Vereinfachung dieser statistischen Serien, deren Reduzierung auf eine einzige charakteristische Merkziffer ermöglichen. Freilich stimmen diese Durchschnitte wie jede Vereinfachung des Ausdrucks, oft mit der Wirklichkeit nicht ganz genau überein. Kein Kandidat hat vielleicht tatsächlich eine solche Stimmenzahl erhalten. Aber die Durchschnitte sind immerhin eine vorteilhafte und vollständige Zusammenfassung der Serie der Stimmen einer jeden Kandidatenliste.

In diesen interessanten Beurteilungen können wir uns verschiedener Durchschnitte oder Mittel bedienen : des *arithmetischen Mittels*, des *geometrischen*, des *Mittelgliedes der Serie* und selbst der *häufigsten* oder *Normalziffer*.

Wir werden hauptsächlich das einfache arithmetische Mittel, d. h. die durch die Anzahl der Glieder (Kandidaten) der Serie dividierten Summe der Stimmen, anwenden. Die Berechnung ist einfach und das Mittel vertritt und berücksichtigt alle Glieder, in unserem Fall alle Stimmenzahlen der Kandidaten, ohne Unterschied. Es hat manchmal einen Nachteil, es ist bisweilen zu sehr durch die äussersten, anormal hohen oder niederen Glieder beeinflusst. Dies trifft auch bei einigen Serien der Stimmenzahlen von Kandidatenlisten bei den Wahlen vom 5. Mai 1929 zu, wo die Spitzenkandidaten hie und da aussergewöhnlich hohe Stimmenzahlen auf sich vereinigten. So z. B. ist im Kanton Süd die Stimmenzahl des Kandidaten Dr. Charles Roos um 60 Prozent höher als die niederste Zahl dieser Liste.

Um einen genauen Vergleich der Ergebnisse auf Grund der Gesamtstimmen der politischen Parteien vornehmen zu können, ist eine Berechnung mit Hilfe des sogenannten «gewogenen» arithmetischen Mittels, wo der Unterschied der Stimmen der Wähler in den 4 Kantonen berücksichtigt wird, erforderlich.

Zwecks Vermeidung des Nachteils der anormalen Beeinflussung des Durchschnitts durch anormal hohe Stimmenzahlen einzelner Kandidaten, wird man die Zuflucht zum geometrischen Mittel nehmen, indem man die Glieder oder

la série, d'ailleurs facile à déterminer d'après le procédé commode des logarithmes [1]). Le résultat de cette moyenne sera quelquefois sensiblement inférieur à celui de la moyenne arithmétique, car elle atténue les hausses, c'est-à-dire l'effet des suffrages exceptionnellement élevés de certains candidats.

A ces moyennes généralement usitées, nous ajouterons, à titre complémentaire, dans nos appréciations la *médiane*, qui est la grandeur du terme central de la série dont tous les termes sont rangés par ordre de grandeur (ou encore la grandeur du terme tel qu'il y a autant de termes plus grands et autant de termes plus petits [2]). La médiane a aussi pour avantage de ne pas être influencée par des termes anormalement élevés ou bas. Mais elle n'est pas exactement représentative de tous les termes et n'accuse pas tous leurs changements.

Nous ne mentionnerons pas la moyenne appelée, « le mode » (qui est la valeur *normale* ou *dominante*, la *grandeur* la *plus habituelle*, la grandeur typique), parce que sa détermination est souvent arbitraire et qu'il est moins objectif que les autres moyennes.

Dans les appréciations des résultats, il faut aussi tenir compte de l'augmentation du nombre des électeurs, qui a passé de 40.185 en 1925 à 44.897 en 1929 à Strasbourg (soit un accroissement de 11,7 p. cent).

Parti socialiste (S. F. I. O.).

Le parti socialiste avait recueilli aux élections municipales du 3 mai 1925 à Strasbourg 118.840 suffrages, soit 41,7 p. cent du total. Il a obtenu aux élections de renouvellement du 5 mai 1929 80.464 suffrages, soit 25,5 p. cent du total. Le recul est appréciable (de 32 p. cent), le nombre des électeurs inscrits s'étant accru, d'autre part, de 11,7 p. cent.

Dans le *canton Nord*, le parti socialiste a réuni 28.259 suffrages, soit 25 p. cent du total, contre 40.939 ou 40,8 p. cent en 1925, soit un recul de 32 p. cent. Les suffrages du candidat le plus favorisé et tête de liste, M. Jacques PEIROTES, Maire sortant, (en 1925 = 4.317 voix ; 1929 = 3.211) sont supérieurs de 36 p. cent à ceux du moins favorisé, qui est le septième de la liste comptant 11 noms. La moyenne arithmétique des suffrages est de 2.569 et la médiane ou terme médian de la série, de 2.481. Par contre, la moyenne géométrique, qui n'est pas tant influencée par les termes extrêmes de

[1]) La moyenne géométrique, c'est le nombre qui correspond au logarithme moyen des logarithmes des termes de la série.

[2]) Formule générale de la médiane :

$$\text{Méd.} = \frac{n \times 1}{2}$$

Mais quand le nombre des termes est pair, comme dans les cantons Est et Ouest, il n'y a pas de terme central ; on prend alors la moyenne arithmétique des deux termes centraux.

Stimmenzahlen der Kandidatenliste bezw.. Serie mit einander vervielfacht und aus dem Produkt die Quadratwurzel zieht. Mit Hilfe der Logarithmen ist auch dieses Mittel ganz leicht zu bestimmen [1]). Diese geometrischen Mittel werden manchmal merklich unter den arithmetischen Mitteln bleiben, da sie die Wirkung der anormal hohen Stimmenzahlen einzelner Kandidaten « mildern ».

Diese gebräuchlichsten Mittel oder Durchschnittswerte werden wir in den Beurteilungen durch die Angabe des *Mittelgliedes* der Reihe der Stimmenzahlen ergänzen. Dieses Glied gibt die Grösse der mittleren Ziffer der Serie an, deren Glieder alle nach der Reihenfolge ihrer Grösse geeordnet sind [2]). Das Mittelglied hat auch den Vorzug nicht durch anormal hohe oder niedere Glieder beeinflusst zu werden, aber es vertritt nicht alle Glieder wie das arithmetische oder geometrische Mittel und spiegelt auch nicht deren Veränderungen wider.

Wir werden uns hier nicht der « häufigsten oder Normalziffer » als Durchschnitt bedienen, weil deren Ermittelung oft willkürlich erfolgt und weil sie weniger « sachlich » als die anderen Mittel ist.

Bei der Beurteilung der Wahlergebnisse muss ferner der Zunahme der Wählerziffer, welche in Strassburg von 40 185 im Jahre 1925 auf 44 897 im Jahre 1929 d. h. um 11,7 Prozent gestiegen ist, Rechnung getragen werden.

Sozialistische Partei.

Die Sozialistische Partei hatte bei den Gemeinderatswahlen vom 3. Mai 1925 (1. Wahlgang) in Strassburg 118 840 Stimmen oder 41,7 Prozent der Gesamtzahl auf sich vereinigt. Sie erhielt bei den Gemeinderatswahlen vom 5. Mai 1929 (1. Wahlgang) 80 464 oder 25,5 Prozent der Gesamtziffer. Der Rückgang ist erheblich (um 32 Prozent) ; die Zahl der eingeschriebenen Wähler ist inzwischen um 11,7 Prozent gestiegen.

Im *Nordkanton* erzielte die Sozialistische Partei am 5. Mai 1929 28 259 Stimmen oder 25,0 Prozent der Gesamtziffer (gegen 40 939 oder 40,8 Prozent der Gesamtziffer im Jahre 1925). Die Stimmenzahl des meistbegünstigsten und Spitzenkandidaten PEIROTES, ausscheidender Bürgermeister (1925 = 4 317 Stimmen ; 1929 = 3 211) ist um 36 Prozent höher als diejenige des am wenigsten begünstigten, welcher der siebte Kandidat der 11 Namen umfassenden Liste ist. Das arithmetische Mittel der 11 Stimmenzahlen der Kandidaten ist 2 569 und das Mittelglied

[1]) Das geometrische Mittel ist die Zahl welche dem mittleren Logarithmus der Logarithmen der Glieder der Serie entspricht.

[2]) Allgemeine Formel für Berechnung des Mittelgliedes (med.) :

$$\text{Med.} = \frac{n \times 1}{2}$$

Wenn aber die Anzahl der Glieder gerade ist, wie bei den Kandidatenlisten in dem Ost- und Westkanton, so gibt es kein Mittelglied ; man nimmt dann das arithmetische Mittel der beiden mittleren Glieder.

la série, représentés ici par les suffrages de MM. Peirotes, Nægelen, etc., est de 2.557. Retenons les effets spéciaux du panachage qui a été appliqué par les électeurs en faveur de M. Peirotes, dont le nombre de voix dépasse, dans ce canton, de plus d'un tiers celui des derniers candidats de sa liste, alors que ce taux est de 11 p. cent dans le canton Sud, de 13 dans le canton Est et de 17 dans le canton Ouest. M. Nægelen, le 3e candidat de la liste, vient en seconde place, dépassant de 18 p. cent le nombre de voix du candidat le moins favorisé de la liste. Dans le canton Est où il a encore été candidat (le 5e de la liste), ce taux est de 5,99 p. cent et le met encore à la deuxième place quant à l'importance des suffrages. Parmi les candidats de cette liste spécialement favorisés par le panachage dans le canton Nord, citons encore M. Imbs (dont le taux est de 14 p. cent plus élevé que le chiffre minimum de la liste) et M. Riehl (taux de 13,5 p. cent) ; les taux des sept autres candidats de la liste sont au-dessous de six ; leurs suffrages sont loin d'atteindre la moyenne (2.557). Pour plus de détails, voir le tableau synoptique des résultats avec les indices basés sur le chiffre minimum des suffrages de la liste (série ramenée à 100).

Le canton Nord se compose de deux parties distinctes : de la Robertsau et des quartiers habités par des gens généralement aisés du Wacken et du Tivoli et de la section Nord de la ville intra muros. Les taux des suffrages du parti socialiste dans ces quartiers sont :

der Serie, 2 481. Andererseits beträgt das geometrische Mittel, welches nicht so sehr durch die anormalen Stimmenzahlen der Serie (diejenige der Kandidaten Peirotes, Nægelen, usw.) beeinflusst ist, 2 557. Bemerkenswert ist hier die Wirkung der Streichungen bezw. Abänderungen der Stimmzettel durch die Wähler (des Panaschierens) zugunsten des H. Peirotes, dessen Stimmenzahl in diesem Kanton um über ein Drittel höher ist als die der letzten Kandidaten der nach den Stimmenzahlen geordneten Serie. Dieser Prozentsatz erreicht 11 im Süd-, 13 im Ost- und 17 im Westkanton.

H. Nægelen, als Dritter auf der Kandidatenliste, kommt an 2. Stelle und überholt um 18 Prozent die Stimmenzahl des am wenigsten begünstigten Kandidaten der Liste. Im Kanton Ost, wo er noch als 5. Kandidat der dortigen Liste figurierte, rangiert er infolge der erhaltenen hohen Stimmenzahl (5,99 % mehr als die Mindestziffer) an 2. Stelle. Unter den Meistbegünstigsten dieser Liste im Kanton Nord, infolge der Streichungen bezw. Aenderungen der Stimmzettel durch die Wähler, wäre noch zu erwähnen : H. Imbs (14 Prozent mehr Stimmen als die niedrigste Stimmenzahl), sowie H. Riehl (mit 13,5 Prozent). Die Prozentsätze der übrigen 7 Kandidaten der gleichen Liste sind unter 6. Ihre Stimmenzahl erreicht bei weitem nicht das Mittel von 2 557. Bezüglich der genauen Details siehe die Uebersichtstabelle mit den auf der Mindeststimmenzahl basierten Indexzahlen.

Der Kanton Nord umfasst in der Hauptsache 2 Distrikte und zwar : die Ruprechtsau mit den besseren Wohnvierteln Tivoli und Wacken, sowie den nördlichen Teil der Innenstadt.

Die Verhältniszahlen der durch die Sozialistische Partei in diesen Stadtteilen erhaltenen Stimmen betragen :

Robertsau	30,2	p. cent du total % der Gesamtzahl
Quartiers du Tivoli et du Wacken Tivoli- und Wackenviertel	20,5	» »
Quartiers de la partie Nord de la ville intra muros Stadtviertel des Nordteiles der Innenstadt	23,6	» »

Dans le *canton Sud*, le parti socialiste a recueilli 6.527 suffrages, soit 27,79 p. cent du total. Ce taux est, pour ce parti, le plus élevé des 4 cantons. En 1925, il en a enregistré 10.118, soit 46,7 p. cent. Le recul est très fort (de 36 p. cent). Le panachage n'a guère joué qu'en faveur du candidat tête de liste, M. Peirotes, dont les suffrages dépassent de 11 p. cent les chiffres des autres candidats, qui ne varient pas d'une manière appréciable. Les moyennes arithmétique et géométrique des suffrages sont de 1.305 et de 1.304, le terme médian s'élevant à 1.287. Ces moyennes nous montrent qu'il n'y a guère de termes extrêmes ou exceptionnellement élevés dans cette série.

Im *Kanton Süd* hat die Sozialistische Partei im ganzen 6 527 Stimmen, gleich 27,79 Prozent der Gesamtstimmenzahl dieses Kantons erhalten; er ist somit für die Partei der günstigste der vier Kantone. Bei den Wahlen von 1925 konnte die Partei 10 118 Stimmen, gleich 46,7 Prozent auf sich vereinigen. Der Rückgang ist hier sehr beträchtlich (rund 36 %). Das Panaschieren hat nur zugunsten des H, Peirotes stattgefunden und überschreitet um 11 Prozent die Stimmenzahl der andern Kandidaten. Das arithmetische Mittel der erhaltenen Stimmen beträgt 1 305 ; das geometrische 1 304. Das Mittelglied beziffert sich auf 1 287. Diese Zahlen beweisen, dass zwischen der höchsten und niedrigsten Stimmenzahl aussergewöhnliche Abweichungen kaum bestehen.

Le canton Sud se compose du Neuhof-Stockfeld et des quartiers du Finkwiller, du Bain-aux-Plantes, de la rue des Serruriers et de la place Gutenberg. Les taux des suffrages du parti socialiste y sont :

Der Kanton Süd umfasst das Finkweilerviertel, das Pflanzbad, die Schlossergasse, den Gutenbergplatz, sowie Neuhof und Stockfeld und ergibt für die Sozialistische Partei folgende Verhältniszahlen :

Neuhof-Stockfeld	27,0	p. cent du total % der Gesamtzahl
Quartiers du Finkwiller, etc.	28,0	» »

Dans le *canton Est*, le parti socialiste a obtenu 24.926 voix, soit 27,46 p. cent du total (contre 33.719 ou 42,3 p. cent en 1925). Le recul est évalué à 28 p. cent. Le panachage n'a guère joué d'une manière sensible qu'en faveur du candidat tête de liste, M. Peirotes, dont les suffrages sont supérieurs de 13 p. cent à ceux du candidat le moins favorisé (le septième de la liste comme dans le canton Nord) M. Bronner. Le deuxième rang est occupé par le 5e candidat, M. Nægelen (taux de 6 p. cent au-dessus du chiffre minimum) ; viennent ensuite M. Riehl (5,3 p. cent), M. Imbs (4,6 p. cent) et M. Hincker (4,4 p. cent). Les chiffres des autres candidats (MM. Laurent Meyer, Ruhfel, Kuntz, Dillgarth et Bronner) sont très près du chiffre minimium (2.404). Les moyennes arithmétique et géométrique sont de 2.492 et de 2.491, le terme médian étant 2.476. On ne peut donc guère parler ici de termes extraordinairement élevés. Le canton Est se compose du Neudorf et des quartiers de la Krutenau. Les taux des suffrages du parti socialiste y sont :

Im *Kanton Ost* erhielt die Sozialistische Partei 24 926 Stimmen, gleich 27,46 % der Gesamtzahl des Kantons, gegenüber 33 719 oder 42,3 Prozent bei den Wahlen von 1925. Der Rückgang beträgt 28 Prozent. Auch hier hat der Spitzenkandidat Herr Peirotes infolge Panaschierens · 13 Prozent Stimmen mehr als der am wenigsten begünstigste 7. Kandidat derselben Liste (genau wie im Kanton Nord), H. Bronner. Den 2. Platz erhält der 5. der Kandidaten, H. Nægelen, mit 6 Prozent über der Mindestzahl ; alsdann folgen H. Riehl (5,3 Prozent), H. Imbs (4,6 Prozent), H. Hincker (4,4 Prozent). Die Stimmenzahlen der restlichen Kandidaten (HH. Laurent Meyer, Ruhfel, Kuntz, Dillgarth und Bronner) grenzen an die Mindestziffer 2 404. Das arithmetische Mittel beträgt 2 492, das geometrische 2 491. Das Mittelglied dieser Serie beziffert sich auf 2 476. Man kann hier kaum von aussergewöhnlichen Stimmenzahlen sprechen.

Der Ostkanton umfasst den Vorort Neudorf, sowie das Krutenauviertel und ergibt für die Sozialistische Partei folgende Prozentzahlen :

Neudorf	27,1	p. cent du total % der Gesamtzahl
Krutenau	27,9	» »

Dans le *canton Ouest*, le parti socialiste a recueilli 20.752 voix, soit 23,6 p. cent du total, contre 26.747 et 32,2 p. cent en 1925). Le taux du recul des suffrages se chiffre à 23 p. cent et est moindre que dans les 3 autres cantons (Nord = 32, p. cent ; Sud = 36 p. cent et Est = 28 p. cent). Les moyennes arithmétique et géométrique des voix se chiffrent à 2.075 et à 2.074, le terme médian étant de 2.031. Il n'y a donc guère, dans cette série, de termes anormalement élevés, le panachage n'ayant guère été appliqué qu'en faveur de M. Peirotes, dont les suffrages sont supérieurs de 17,8 p. cent à ceux du candidat le moins favorisé, M. Kuhn. Citons encore MM. Imbs (avec le taux de 6,3 p. cent au-dessus du chiffre minimum) et M. Riehl (6,1 p. cent) ; les suffrages des autres candidats ne diffèrent pas d'une manière sensible (MM. Laurent Meyer (2,3 p. cent), Holweg (1,7 p. cent), Gabel Jos. (1,7 p. cent), Brandt (0,95 p. cent), Kapp (2.012 voix), Schoch (2.003 voix) et Kuhn (2.001 voix). Le canton Ouest se compose de Cronenbourg, de Kœnigshoffen, de la Montagne-Verte ainsi que des quartiers de la gare centrale et de l'usine électrique dans la ville intra muros. Les taux des suffrages du parti socialiste y sont :

Im *Kanton West* hat die Sozialistische Partei 20 752 Stimmen, gleich 23,6 Prozent der Gesamtzahl dieses Kantons auf sich vereinigt. Die Prozentzahl des Stimmenrückgangs ist hier gegenüber den anderen Kantonen die niedrigste und beträgt 23 Prozent (Nord = 32 Prozent ; Süd = 36 Prozent ; und Ost = 28 Prozent). Das arithmetische Mittel beträgt 2 075, das geometrische 2 074. Das Mittelglied dieser Serie beziffert sich auf 2 031. Auch hier sind anormale Stimmenzahlen nicht festzustellen und das Panaschieren wurde grösstenteils zu Gunsten von H. Peirotes angewandt der dadurch 17,8 Prozent mehr Stimmen erhielt als der am wenigsten begünstigte H. Kuhn. Es folgt H. Imbs mit 6,3 Prozent mehr Stimmen als die Minimalzahl, dann H. Riehl mit 6,1 Prozent. Die Stimmenzahlen der anderen Kandidaten zeigen keine wesentliche Abweichungen ; sie ergaben nachstehende Reihenfolge : HH. Laurent Meyer (2,3 Prozent), Holweg (1,7 Prozent), Kapp (2 012 Stimmen), Schoch (2 003 Stimmen) und Kuhn (2 001 Stimmen).

Im Kanton West, mit Kronenburg, Königshofen, Grüneberg, das Bahnhofviertel, sowie das Viertel beim Elektrizitätswerk in der Innenstadt, erzielte die Sozialistische Partei demnach im einzelnen folgende Prozentsätze :

Quartiers de la gare centrale, etc.	25,0	p. cent du total % der Gesamtzahl
Cronenbourg	19,3	» »
Kœnigshoffen	24,4	» »
Montagne-Verte, Gliesberg, Elsau	23,9	» »

Parti communiste.

Le parti communiste a obtenu, aux élections du 5 mai 1929, 68.495 suffrages, soit 21,75 p. cent du total (contre 41.117 ou 14,4 p. cent en 1925). Il enregistre une augmentation de 27.378 voix, soit de 66 p. cent. Cet accroissement le fait monter à la deuxième place des partis politiques, en ce qui concerne l'importance du nombre des suffrages de la ville entière.

Dans le *canton Nord*, ce parti a obtenu 14.062 suffrages, soit 12,5 p. cent du total, contre 7.291 ou 7,2 p. cent en 1925. Le nombre des suffrages a donc presque doublé. Les moyennes arithmétique et géométrique des voix des candidats se chiffrent à 1.278 et à 1.275, le terme médian de la série étant de 1.243. Le panachage a été appliqué en faveur de M. Mourer, député de Strasbourg, dont les suffrages (1.471) sont supérieurs de 25,7 p. cent au chiffre minimum de la série (1.170), de M. Hueber (taux de 20,1 p. cent), de M. Haas (16,3 p. cent), de M. Liebrich (13,3 p. cent), etc. Les trois derniers candidats de la liste ont été les moins favorisés.

Taux des suffrages dans les différents quartiers du canton Nord :

Kommunistische Partei.

Die kommunistische Partei erhielt bei den Wahlen vom 5. Mai 1929, 68 495 Stimmen, gleich 21,75 Prozent vom Gesamten, gegen 41 117 oder 14,4 Prozent im Jahre 1925. Es ist eine Stimmenzunahme von 27 378 Stimmen oder 66 Prozent festzustellen. Diese Zunahme lässt die Partei beim Vergleich der erhaltenen Gesamtstimmenzahlen an die 2. Stelle rücken.

Im *Kanton Nord* hat diese Partei 14 062 Stimmen, gleich 12,5 Prozent vom Gesamten erhalten, gegenüber 7 291 Stimmen, oder 7,2 Prozent im Jahre 1925. Die auf die Partei entfallende Stimmenzahl hat sich demnach fast verdoppelt. Das arithmetische Mittel beträgt hier 1 278, während das geometrische Mittel sich auf 1 275 beziffert ; das Mittelglied dieser Serie stellt sich auf 1 243. Das Panaschieren wurde stark zu Gunsten von H. Mourer, Député von Strassburg, angewandt, der dadurch 25,7 Prozent (1 471) Stimmen mehr als die Minimalstimmenzahl (1 170) der übrigen Kandidaten der selben Liste erhielt. Ihm folgt H. Hueber (20,1 Prozent), H. Haas (16,3 Prozent), H. Liebrich (13,3 Prozent) usw. Die letzten drei Kandidaten der Liste wurden am wenigsten hierdurch begünstigt.

Stimmenverhältnis in den verschiedenen Teilen des Kanton Nord :

Robertsau	18,0	p. cent du total
Quartiers du Tivoli et du Wacken	8,1	» »
Quartiers de la partie Nord de la ville intra muros— nördl. Innenstadt	10,9	» »

Dans le *canton Sud*, le parti communiste occupe la première place, ayant obtenu 6.727 voix, soit 28,65 p. cent du total (contre 3.068 voix ou 14,2 p. cent). Le nombre des suffrages du parti a donc plus que doublé. Les moyennes arithmétique et géométrique des voix se chiffrent à 1.345 et à 1.343, le terme médian étant de 1.290. Le panachage a été appliqué en faveur de M. Mourer, dont les souffrages (1.463) dépassent de 14,6 p. cent le chiffre minimum de la série, et de M. Hueber, dont ce taux est de 11,1 p. cent.

Taux des suffrages du parti communiste dans les différents quartiers du canton Sud :

Im *Kanton Süd* behauptet die kommunistische-Partei den ersten Platz, mit 6 727 Stimmen, gleich 28,65 Prozent vom Gesamten (gegenüber 3 068 Stimmen, oder 14,2 Prozent im Jahre 1925). Die auf die Partei entfallenen Stimmen haben sich hier mehr als verdoppelt. Das arithmetische Mittel beträgt 1 345, das geometrische 1343, und das Mittelglied dieser Serie 1290. Das Panaschieren erfolgte auch in diesem Kanton in der Hauptsache zu Gunsten von H. Mourer (1 463) der dadurch 14,6 Prozent Stimmen mehr erhielt als die Mindestziffer der Liste; ihm folgt H. Hueber mit 11,1 Prozent.

Stimmenverhältnis der kommunistischen Partei in den einzelnen Teilen des Kanton Süd :

Neuhof-Stockfeld	30,4	p. cent du total
Finkwiller, etc.	28,0	» »

Dans le *canton Est*, le parti communiste est encore à la première place avec 26.457 voix, soit 29,15 p. cent du total, contre 18.553 ou 23,3 p. cent en 1925 ; l'accroissement se chiffre à 7.904 voix ou à 43 p. cent. Les moyennes arithmétique et géométrique des voix se calculent à 2.646 et 2.644, le terme médian de la série étant de 2.624. Le panachage a été appliqué en faveur de M. Heysch, dont les suffrages dépassent de 10,7 p. cent le chiffre minimum de cette série, de M. Hueber (taux de 9,1 p. cent), de M. Mohn (taux de 4,3 p. cent), de M. Haas (taux de 4,2 p. cent), etc.

Taux des suffrages dans les différents quartiers du canton Est :

Auch im *Kanton Ost* ist die kommunistische Partei am 1. Platz mit 26 457 Stimmen, gleich 29,1 Prozent vom Gesamten, gegen 18 553 oder 23,3 Prozent vom Jahre 1925; es ergibt eine Zunahme von 7 904 Stimmen oder 43 Prozent. Das arithmetische Mittel beträgt 2 646, das geometrische 2 644; das Mittelglied dieser Serie beziffert sich auf 2 624. Hier wurde das Panaschieren hauptsächlich zu Gunsten von H. Heysch angewendet, der dadurch 10,7 Prozent Stimmen mehr erhielt als der am wenigsten begünstigte Kandidat der Liste; es folgen H. Hueber mit 9,1 %, H. Mohn mit 4,3 %, H. Haas mit 4,2 Prozent usw.

Stimmenverhältnis in den verschiedenen Teilen des Kanton Ost:

Neudorf	30,4 p. cent du total
Krutenau, etc.	27,0 » »

Dans le *canton Ouest*, le parti communiste a obtenu 21.249 suffrages, soit 24,18 p. cent du total, contre 12.204 ou 14,7 p. cent en 1925. Il enregistre un accroissement de 74 p. cent. Les moyennes arithmétique et géométrique sont de 2.125 et de 2.122, le terme médian de la série étant de 2.072. Le panachage a été surtout appliqué en faveur de M. le député Mourer, dont les suffrages ont été supérieurs de 17,4 p. cent au chiffre minimum de la série (2.010 du 6e candidat de la liste), en faveur de M. Hueber (taux de 11,7 p. cent), de M. Muerschel (11 p. cent), de M. Lorenz (6,9 p. cent), de M. Schropp (3,6 p. cent) et de M. Paul Meyer, le dernier candidat de la liste (2,6 p. cent).

Taux dans les différents quartiers du canton Ouest :

Im *Kanton West* erhielt die kommunistische Partei 21 249 Stimmen, gleich 24,18 Prozent der Gesamtstimmenzahl dieses Kantons, gegenüber 12 205 Stimmen oder 14,7 Prozent im Jahre 1925. Hier stellt man eine Stimmenzunahme von 74 Prozent fest. Das arithmetische Mittel beträgt 2 125, das geometrische 2 122 und das Mittelglied dieser Serie 2 072. Auch in diesem Kanton wurde vom Panaschieren öfters Gebrauch gemacht und zwar in der Hauptsache wieder zu Gunsten von H. Député Mourer, der damit eine 17,4 Prozent höhere Stimmenzahl erhielt als der wenigstbegünstigte 6. Kandidat dieser Liste. H. Hueber erhielt 11,7 Prozent Stimmen mehr. Ihm folgt H. Muerschel mit 11 Prozent, H. Lorenz mit 6,9 Prozent, H. Schropp (3,6 Prozent) und H. Paul Meyer der letzte Kandidat der Liste, mit 2,6 Prozent.

Stimmenverhältnis der verschiedenen Stadtteile des Kanton West:

Quartiers (intra muros) de la gare centrale et de l'usine électrique	21,1 p. cent du total
Cronenbourg	28,7 » »
Kœnigshoffen	26,2 » »
Montagne-Verte, Gliesberg, Elsau	27,1 » »

Le fait saillant des élections municipales du 5 mai 1929 à Strasbourg, c'est l'accroissement très considérable des voix communistes. Le parti communiste est le parti le plus important, au point de vue des suffrages, dans les cantons Est, Sud et Ouest, ce rang étant occupé dans le canton Nord par l'Union républicaine pour la défense des intérêts communaux (parti démocrate et Apna).

Aux élections municipales du 3 mai 1925, le premier rang a été détenu dans tous les 4 cantons par le parti socialiste, dont les taux des suffrages variaient de 40,8 à 46,7 p. cent du total ; ces taux atteignent le 5 mai 1929, 23,6 à 27,8 p. cent du total, soit 25,5 p. cent en moyenne.

Bei der Beurteilung der Ergebnisse der Gemeinderatswahlen vom 5. Mai 1929 in Strassburg stellt man einen enormen Stimmenzuwachs bei der kommunistischen Partei in den Kantonen Ost, Süd und West, wo sie der Stimmenzahl nach an 1. Stelle steht, fest. Im Kanton Nord nimmt die Republ. Vereinigung zur Verteidigung der Gemeinde-Interessen (demokratische Partei und Apna) diesen Platz ein.

Die Sozialistische Partei hatte bei den Gemeinderatswahlen vom 3. Mai 1925 in allen 4 Kantonen die grösste Stimmenzahl, deren Verhältnis zu den andern Parteien zwischen 40,8 und 46,7 Prozent vom Gesamten schwankte. Bei den Wahlen vom 5. Mai 1929 erreichte diese Partei nur 23,6 bis 27,8 Prozent, im Mittel 25,5 Prozent.

Union républicaine pour la défense des intérêts communaux.

(Parti démocratique et Apna.)

Aux élections municipales du 3 mai 1925, une « concentration républicaine des intérêts communaux » était formée par le parti démocr., l'U. P. R. et le parti républ. démocratique et social Le 5 mai 1929, ces mêmes partis avaient fait cause commune et présenté une liste de l'« Union républ. pour la défense des intérêts communaux», à l'exception de l'U. P. R., qui avait présenté une liste spéciale ; une aile de l'ancienne U. P. R., l'« Apna », s'était jointe à l'Union. En 1925, la concentration avait obtenu 90.291 suffrages, soit 31,7 p. cent du total. En 1929, l'« Union républ. pour la défense des intérêts communaux » a recueilli 54.748 voix, soit 17,38 p. cent du total. L'« Union » occupe la première place, au point de vue de l'importance des suffrages, dans le canton Nord (28,5 p. cent des voix), mais dans les 3 autres cantons ses taux varient seulement de 9 à 13.

Dans le *canton Nord*, l'Union a obtenu 32.165 suffrages (28,5 p. cent du total) ; la « Concentration » en avait réuni, en 1925, 37.546 (37,4 p. cent). Les moyennes arithmétique et géométrique se chiffrent à 2.924 et à 2.921, le terme médian de la série étant de 2.916, c'est-à-dire les suffrages de M. Streisguth, qui a été le dernier candidat de la liste.

Les variations des indices sous les suffrages des candidats de cette liste (tableau synoptique, page 77bis) nous montrent les effets du panachage dont les électeurs ont fait usage dans ce canton. Les voix du candidat tête de liste, M. Haug (3.258), dépassent de 20 p. cent le chiffre minimum de la série (les voix de M. Stempfer : 2.714). Viennent ensuite M. Stæhling (11,8 p. cent), M. le Docteur Willy Brion (9,4 p. cent), M. Mæchling (9,39 p. cent), M. Garcin (8,95 p. cent), M. Streisguth (7,44 p. cent), etc.

Taux de l'Union dans les différents quartiers du canton Nord:

Republikanische Vereinigung zur Verteidigung der Gemeinde-Interessen.

(Demokratische Partei und Apna.)

Bei den Gemeinderatswahlen vom 3. Mai 1925 hatte sich eine Vereinigung der Gemeindeinteressen durch die demokratische Partei, die U. P. R., sowie durch die parti républ. démocratique et social gebildet, die zusammen eine Liste präsentierten. Bei den letzten Gemeinderatswahlen vereinigte sich ein Flügel der alten U. P. R. (die Apna) mit den Demokraten und präsentierte unter dem Namen « Republ. Union zur Verteidigung der Gemeinde-Interessen » eine gemeinsame Liste, während die U. P. R. eine eigene Liste aufstellte. 1925 erhielt die Concentration zur Verteidigung der Gemeindeinteressen 90 291 Stimmen, gleich 31,7 Prozent, während die «Union» bei den Wahlen von 1929 54 748 Stimmen, oder 17,38 Prozent bekam. Bezüglich der erhaltenen Stimmenzahl belegt die Republ. Union zur Verteidigung der Gemeinde-Interessen im Kanton Nord den ersten Platz (28,5 Prozent), aber in allen anderen Kantonen entfallen nur 9 bis 13 Prozent vom Gesamten der Stimmen auf ihre Listen.

Im *Kanton Nord*, erhielt die Union 32 165 Stimmen (gleich 28,5 Prozent), die « Concentration » vereinigte im Jahre 1925 in diesem Kanton 37 546 Stimmen, oder 37,4 Prozent auf sich. Das arithmetische und das geometrische Mittel betragen 2 924 bezw. 2 921, das Mittelglied dieser Serie erreicht 2 916 (gleich der erhaltenen Stimmenzahl des als letzter Kandidat auf der Liste figurierenden H. Streisguth).

Die Schwankungen der Indexzahlen der erhaltenen Stimmen der Kandidaten dieser Liste (Uebersichtstabelle, Seite 77bis) zeigen genau die Wirkungen des Panaschierens an, wovon die Wähler in diesem Kanton ausgiebig Gebrauch gemacht haben. Die Stimmen des Spitzenkandidaten, H. Haug (3 258), überschreiten um 20 Prozent die niederste Zahl dieser Liste (2714 von H. Stempfer).

Ihm folgen die HH. Stæhling (11,8 Prozent), Dr. Willy Brion (9,4 Prozent), Mæchling (9,39 Prozent), Garcin (8,95 Prozent), Streisguth (7,44 Prozent).

Verhältniszahlen der erhaltenen Stimmen in den verschiedenen Stadtteilen dieses Kantons:

Robertsau	25,1	p. cent	du total
Tivoli et Wacken	32,7	»	»
Partie Nord de la ville intra muros	29,4	»	»

Dans le *canton Sud*, l'Union a obtenu 2.191 voix, soit 9,3 p. cent du total. Le 3 mai 1925, la « Concentration » en avait réuni 6.210, soit 28,7 p. cent du total. Les moyennes arithmétique et géométrique se montent à 438 et à 437, le terme médian de la série étant de 431. Le panachage n'a guère joué qu'en faveur de M. Haug, dont les voix dépassent de 16 p. cent le chiffre minimum 412 (de M. Scherwitz).

Im *Kanton Süd* erhielt die Union 2 191 Stimmen gleich 9,3 Prozent vom Gesamten. Bei den Wahlen vom 3. Mai 1925 vereinigte die « Concentration » 6 210 Stimmen oder 28,7 Prozent auf sich. Das arithmetische und das geometrische Mittel betragen hier 438 bezw. 437. Das Mittelglied dieser Serie ist 431. Durch das Panaschieren wurde nur H. Haug im allgemeinen begünstigt, und zwar erhielt er 16 Prozent mehr Stimmen als H. Scherwitz mit der Mindeststimmenzahl 412.

Taux de l'Union dans les différents quartiers de ce canton:

Verhältniszahlen der Union in den verschiedenen Stadtteilen dieses Kantons:

Neuhof-Stockfeld	5,2	p. cent	du total
Finkwiller, etc.	10,7	»	»

Dans le *canton Est*, l'Union a obtenu 8.703 suffrages, soit 9,5 p. cent du total. En 1925, la « Concentration » en avait recueilli 19.788 ou 24,8 p. cent du total. Les moyennes arithmétique et géométrique se calculent à 870 et 869, le terme médian de la série étant de 864. Le panachage a été pratiqué assez fortement. Les suffrages du candidat tête de liste, M. Haug (943 voix) dépassent de 16 p. cent le chiffre minimum 813 du candidat Bloch, qui a figuré au deuxième rang de la liste. Ce taux est de 11,8 p. cent pour M. Stæhling, l'avant-dernier candidat, de 7,7 p. cent pour M. Moser, etc.

Im *Kanton Ost*, wo die « Concentration » bei den Wahlen vom Mai 1925 19 788 Stimmen oder 24,8 Prozent vom Gesamten erhielt, konnte die Union nur 8 703 Stimmen, gleich 9,5 Prozent auf sich vereinigen.

Das arithmetische Mittel beträgt 870, das geometrische 869, das Mittelglied dieser Serie 864. Vom Panaschieren wurde starker Gebrauch gemacht. Der Spitzenkandidat H. Haug überschreitet mit seinen 943 Stimmen um 16 Prozent die Minimalstimmenzahl des Kandidaten Bloch (813 Stimmen) der auf der Kandidatenliste an 2. Stelle figurierte. Für H. Stæhling, der vorletzte Kandidat, beträgt der Prozentsatz 11,8 ; für H. Moser 7,7 usw.

Taux des suffrages de l'Union dans les différents quartiers du canton Est:

Verhältniszahlen der Union in den verschiedenen Stadtteilen des Kanton Ost:

Neudorf	7,2	p. cent	du total
Krutenau, etc.	13,4	»	»

Dans le *canton Ouest*, l'Union a recueilli 11.689 voix, soit 13,3 p. cent du total, tandis que la « Concentration » en avait obtenu 26.747 ou 32,2 p. cent en 1925. Les moyennes arithmétique et géométrique se chiffrent à 1.169 et à 1.167, le terme médian de la série étant de 1.162. Le panachage a joué en faveur de M. Haug, qui a réuni 1.303 voix, soit 26 p. cent de plus que le chiffre minimum de la série (1.034). Viennent ensuite M. Garcin (taux de 18,6 p. cent), M. le Dr Willy Brion (taux de 17,3 p. cent), M. Federlin (taux de 14,1 p. cent), etc.

Taux spéciaux de suffrages de l'Union dans les différents quartiers du canton Ouest:

Im *Kanton West* erhielt die Union 11 689 Stimmen, gleich 13,3 Prozent. Die «Concentration» bekam 1925 26 747 Stimmen, oder 32,2 Prozent. Das arithmetische und das geometrische Mittel betragen hier 1 169 bezw. 1 167, das Mittelglied 1 162. Auch in diesem Kanton wurden die Stimmzettel sehr zugunsten von H. Haug panaschiert, der dadurch 1 303 Stimmen erhielt, gleich 26 Prozent mehr als die Minimalzahl dieser Serie (1 034). Es folgen H. Garcin (18,6 Prozent mehr), H. Dr. Brion (17,3 Prozent), H. Federlin (14,1 Prozent), usw.

Verhältniszahlen der Stimmen der Union in den verschiedenen Stadtteilen des Kanton West:

Quartiers de la gare centrale et de l'usine électrique (intra muros)	16,2	p. cent	du total
Cronenbourg	9,1	»	»
Kœnigshoffen	12,3	»	»
Montagne-Verte, Gliesberg, Elsau	8,2	»	»

Union populaire républicaine (U.P.R.).

L'U. P. R. a recueilli 45.784 suffrages, soit 14,54 p. cent du total. En 1925, elle faisait partie de la « Concentration républ. des intérêts communaux ».

Dans le *canton Nord*, l'U. P. R. a obtenu 14.090 voix, soit 12,49 p. cent du total. Les moyennes arithmétique et géométrique se calculent à 1.281 et à 1.277, le terme médian de la série étant de 1.251. Le panachage a été fortement pratiqué par les électeurs en faveur de M. le député Michel Walter, dont les suffrages dépassent de 26 p. cent le chiffre minimum de la liste, de M. Schies Julien (22,2 p. cent), de M. Merckel Joseph, le dernier candidat de la

Elsässische Volkspartei.

Die Els. Volkspartei hat 45 784 Stimmen, gleich 14,54 Prozent auf sich vereinigt. Bei den Wahlen von 1925 bildete diese Partei einen Teil der «Republ. Concentration der Gemeindeinteressen».

Im *Kanton Nord* erhielt die Els. Volkspartei 14 090 Stimmen, gleich 12,49 Prozent. Das arithmetische und das geometrische Mittel berechnen sich auf 1 281 bezw. 1 277, das Mittelglied dieser Serie auf 1 251. In diesem Kanton wurde das Panaschieren sehr zugunsten von H. Député Michel Walter angewendet, der dadurch 26 Prozent mehr Stimmen erhielt als der niedrigste Kandidat dieser Liste. H. Julien Schies erhielt 22,2 Prozent mehr; ihm folgen H. Merckel

liste (12,1 p. cent), de M. Adam (11,7 p. cent), de M. Muller (6,1 p. cent), de M. le lieutenant-colonel Georges Schmitt (5,9 p. cent), etc.

Taux spéciaux des suffrages de l'U. P. R. dans les différents quartiers du canton Nord :

Jos., der letzte Kandidat dieser Liste mit 12,1 Prozent, H. Adam (11,7 Prozent), H. Muller (6,1 Prozent) und H. Lieutenant-Colonel en retraite Georges Schmitt (5,9 Prozent).

Verhältniszahlen der erhaltenen Stimmen der U. P. R. in den verschiedenen Stadtteilen des Kanton Nord :

Partie Nord du canton dans la ville intra muros	12,5	p. cent du total	
Tivoli et Wacken	10,7	»	»
Robertsau	12,4	»	»

Dans le *canton Sud*, l'U. P. R. a obtenu 4.182 voix, soit 17,8 p. cent du total. Moyenne arithmétique des suffrages = 836, moyenne géométrique des suffrages = 835, terme médian de la série des suffrages = 819.

Le panachage a surtout joué en faveur de M. Heitzmann, dont les suffrages sont supérieurs de 13,95 p. cent au chiffre minimum (789), et de M. Walter (taux de 9,5 p. cent).

Taux spéciaux des suffrages de l'U. P. R. dans les quartiers du canton Sud :

Im *Kanton Süd*, hat die Els. Volkspartei 4 182 Stimmen, gleich 17,8 Prozent, auf sich vereinigt. Arithmetisches Mittel der erhaltenen Stimmen 836, geometrisches Mittel 835, Mittelglied dieser Serie 819.

Panaschiert wurde hier öfters zu Gunsten von H. Heitzmann, dessen Stimmenzahl die Minimalzahl (789) um 13,95 Prozent überschreitet. H. Walter konnte 9,5 Prozent mehr Stimmen als diese Mindestzahl auf sich vereinigen.

Verhältniszahlen der erhaltenen Stimmen der U. P. R. in den verschiedenen Stadtteilen des Kanton Süd :

Neuhof-Stockfeld	25,5	p. cent du total	
Finkwiller, etc.	15,1	»	»

Dans le *canton Est*, l'U. P. R. a obtenu 12.477 voix, soit 13,7 p. cent du total. Moyenne arithmétique des suffrages = 1.248, moyenne géométrique des suffrages = 1.245, terme médian de la série = 1.228.

Les électeurs ont panaché surtout en faveur de M. Pflieger Eugène, dont les suffrages dépassent le chiffre minimum de la série de 18 p. cent, de M. le député Michel Walter (taux de 15,4 p. cent), de M. Kœssler Charles (taux de 14,1 p. cent), de M. l'abbé Julien Schies (taux de 9,4 p. cent), etc.

Taux spéciaux de l'U. P. R. dans les quartiers du canton Est :

Im *Kanton Ost* erhielt die U. P. R. 12 477 Stimmen, gleich 13,7 Prozent. Das arithmetische Mittel beträgt 1 248, das geometrische Mittel 1 245, das Mittelglied dieser Serie beziffert sich auf 1 228.

Die Wähler panaschierten hier hauptsächlich zu Gunsten von H. Pflieger Eugène, dessen Stimmenzahl dadurch 18 Prozent höher ist als diejenige des niedrigsten Kandidaten dieser Liste. Ihm folgen H. Député M. Walter mit 15,4 Prozent mehr, dann H. Ch. Kœssler mit 14,1 Prozent. H. Abbé Schies 9,4 Prozent mehr usw.

Verhältniszahlen der erhaltenen Stimmen der U. P. R. in den verschiedenen Stadtteilen des Kanton Ost :

Neudorf	14,1	p. cent du total	
Krutenau, etc.	12,9	»	»

Dans le *canton Ouest*, l'U. P. R. a obtenu 15.035 voix, soit 17,1 p. cent du total. Moyenne arithmétique = 1.503, moyenne géométrique = 1.502, terme médian de la série = 1.492.

Les électeurs ont fortement panaché surtout en faveur de M. le député Michel Walter, dont les suffrages sont supérieurs de 21,6 p. cent au chiffre minimum de la série (1.407), de M. Joseph Merckel (taux de 9,7 p. cent), de M. Spiesser (taux de 8 p. cent), de M. Alex. Gabel (taux de 6,9 p. cent), etc.

Taux spéciaux des suffrages de l'U. P. R. dans les différents quartiers du canton Ouest :

Im *Kanton West* erhielt die U. P. R. 15 035 Stimmen, gleich 17,1 Prozent vom Gesamten dieses Kantons. Arithmetisches Mittel 1 503, geometrisches Mittel 1 502, Mittelglied dieser Serie 1.492.

Hier haben die Wähler besonders zu Gunsten von H. Député Michel Walter panaschiert, dessen Stimmenzahl dadurch 21,6 Prozent höher ist, als die niederste Zahl der Liste. Ihm folgen H. Jos. Merckel mit 9,7 Prozent mehr, H. Spiesser (8 Prozent), H. Alex. Gabel (6,9 Prozent), usw.

Verhältniszahlen der erhaltenen Stimmen der U. P. R. in den verschiedenen Stadtteilen des Kanton West :

Quartiers de la gare centrale, de l'usine électr. de la ville intra muros	14,6	p. cent du total	
Kœnigshoffen	20,2	»	»
Cronenbourg	21,4	»	»
Montagne-Verte, Gliesberg, Elsau	16,1	»	»

Parti régional indépendant.
(Autonomiste)

Le parti régional indépendant ou autonomiste a obtenu 39.248 voix, soit 12,46 p. cent du total. Aux élections municipales du 3 mai 1925, ce parti n'existait pas encore.

Dans le *canton Nord*, ce parti a recueilli 14.070 suffrages, soit 12,47 p. cent du total. Les électeurs ont usé du droit de panacher surtout en faveur du candidat tête de liste, M. le Dr Charles Roos, détenu à Besançon, dont les voix ont dépassé de 58 p. cent le chiffre minimum de la série, de M. Paul Schall (taux de 48 p. cent), de M. le député René Hauss (taux de 41,8 p. cent), de M. C.-P. Heil (taux de 21,5 p. cent), de M. Reisacher (taux de 13,4 p. cent).
Moyenne arithmétique des suffrages = 1.279, moyenne géométrique des suffrages = 1.263, terme médian de la série = 1.197.
La grande différence entre les moyennes arithmétique et géométrique et les variations de l'indice basé sur le chiffre minimum nous démontrent ici l'importance du panachage.

Taux spéciaux des suffrages du parti dans les différents quartiers du canton Nord :

Unabhängige Landespartei.

Die « Unabhängige Landespartei », auch autonomistische Partei genannt, konnte im Gesamten 39 248 Stimmen, gleich 12,46 Prozent auf sich vereinigen. Bei den Wahlen vom Mai 1925 bestand diese Partei noch nicht.
Im *Kanton Nord* erhielt sie 14 070 Stimmen, gleich 12,47 Prozent. Die Wähler haben von ihrem Recht zu panaschieren, starken Gebrauch gemacht und dadurch erzielte der Spitzenkandidat dieser Liste, Herr Dr. Roos, der sich in Besançon in Untersuchungshaft befand, 58 Prozent mehr Stimmen als die Minimalzahl dieser Liste. H. P. Schall erreichte 48 Prozent mehr. Ihm folgen die HH. Député Hauss (41,8 Prozent), C.-P. Heil (21,5 Prozent), Reisacher (13,4 Prozent). Arithmetisches Mittel 1 279, geometrisches Mittel 1 263, Mittelglied dieser Serie 1 197.

Der grosse Unterschied zwischen dem arithmetischen und dem geometrischen Mittel und die Schwankungen des auf der Minimalzahl errechneten Indexes, zeigen hier deutlich die Auswirkungen des Panaschierens.
Verhältniszahlen der erhaltenen Stimmen der Partei in den verschiedenen Stadtteilen des Kanton Nord :

Robertsau	9,5	p. cent	du total
Tivoli et Wacken	16,9	»	»
Partie de la ville intra muros	13,2	»	»

C'est dans le canton Nord que ce parti enregistre les taux les plus élevés.
Dans le *canton Sud*, ce parti a réuni 2.336 suffrages, soit 10 p. cent du total. Moyenne arithmétique des suffrages = 467, moyenne géométrique des suffrages = 463, terme médian de la série = 461.
Le candidat tête de liste, M. le Dr Charles Roos, a surtout profité ici du panachage, ses suffrages étant supérieurs de 60 p. cent au chiffre minimum. Ce taux du candidat Nast est de 21,8 p. cent, celui de M. Schall de 21 p. cent et celui de M. Heil de 10,7 p. cent.
Taux spéciaux des suffrages du parti dans les différents quartiers du canton Sud :

Im Kanton Nord erreichte diese Partei ihre höchste Stimmenzahl.
Im *Kanton Süd* erhielt die Partei 2336 Stimmen, gleich 10 Prozent. Arithmetisches Mittel 467, geometrisches Mittel 463, Mittelglied dieser Serie 461.
Der Spitzenkandidat dieser Liste, Herr Dr. Ch. Roos, war hier besonders vom Panaschieren begünstigt und hat die grösste Stimmenzahl erhalten (60 Prozent mehr als die Minimalzahl). Der Kandidat Nast folgt mit 21,8 Prozent; nach diesem H. P. Schall mit 21 Prozent, H. Heil mit 10,7 Prozent, usw.
Verhältniszahlen der erhaltenen Stimmen der Partei in den verschiedenen Stadtteilen des Kanton Süd :

Neuhof-Stockfeld	7,6	p. cent	du total
Finkwiller, etc.	10,7	»	»

Dans le *canton Est*, les suffrages de ce parti se chiffrent à 10.988, soit 12,1 p. cent du total.
Moyenne arithmétique des suffrages 1.099, moyenne géométrique des suffrages 1.092, terme médian de la série 1.045.
La différence entre ces moyennes nous indique l'importance du panachage, qui a joué surtout en faveur de M. le Dr Charles Roos, dont les voix dépassent de 42 p. cent le chiffre minimum de la série, de M. Schall (27,7 p. cent), de M. le député Hauss (25,4 p. cent), de M. Heil (25 p. cent), etc. Il est intéressant de constater que le

Im *Kanton Ost* beträgt die erhaltene Stimmenzahl dieser Partei 10 988, gleich 12,1 Prozent.
Arithmetisches Mittel 1 099, geometrisches Mittel 1 092, Mittelglied dieser Serie 1 045.
Auch hier ist die Differenz zwischen diesen Mitteln auf die grosse Anwendung des Panaschierens zurückzuführen zu Gunsten des Kandidaten Herrn Dr. Roos, der 42 Prozent mehr Stimmen erhielt, als der am wenigsten begünstigste dieser Liste. Ihm folgen H. Schall mit 27,7 Prozent mehr, H. Député Hauss (25,4 Prozent), H. Heil (25 Prozent), usw.

nombre des voix décroît dans l'ordre des candidats tels qu'ils ont figuré sur le bulletin de vote, à l'exception des deux derniers.

Taux spéciaux des suffrages du parti dans les différents quartiers du canton Est :

Es ist interessant festzustellen, dass die Reihenfolge der erhaltenen Stimmen mit derjenigen der Kandidatenliste zusammenfällt mit Ausnahme der 2 letzten Kandidaten.

Verhältniszahlen der erhaltenen Stimmen der Partei in den verschiedenen Stadtteilen des Kanton Ost :

Neudorf	12,06 p. cent du total
Krutenau, etc.	12,18 » »

Dans le *canton Ouest*, ce parti a enregistré 11.854 suffrages, soit 13,5 p. cent du total. Moyenne arithm. des suffrages 1.185, moyenne géométrique des suffrages 1.174, terme médian de la série 1.137.

L'écart sensible entre les moyennes nous indique le jeu du panachage dont ont profité : M. le Dr Roos, ses suffrages dépassant de 51 p. cent le chiffre minimum de la série ; M. le député Hauss (taux de 45,9 p. cent), M. Schall (43,1 p. cent) et M. Reisacher (23,1 p. cent).

Taux spéciaux des suffrages dans les différents quartiers du canton Ouest :

Im *Kanton West* erhielt diese Partei 11 854 Stimmen, gleich 13,5 Prozent. Arithmetisches Mittel 1 185, geometrisches Mittel 1 174, Mittelglied dieser Serie 1 137.

Der merkliche Unterschied zwischen den Mitteln zeigt uns auch hier wieder die Anwendung des Panaschierens, das zu Gunsten der Herren Dr. Roos (51 Prozent mehr Stimmen als die Minimalzahl), Député Hauss (45,9 Prozent), P. Schall (43,1 Prozent), Reisacher (23,1 Prozent), usw. vorgenommen wurde.

Verhältniszahlen der erhaltenen Stimmen der Partei in den verschiedenen Stadtteilen des Kanton West :

Quartiers de la gare centrale et de l'usine électr. dans la ville intra-muros	14,28 p. cent du total
Kœnigshoffen	9,62 » »
Cronenbourg	14,76 » »
Montagne-Verte, Gliesberg, Elsau	12,66 » »

Parti alsacien du progrès républicain.

Ce parti a présenté pour la première fois aux élections de Strasbourg une liste spéciale et a réuni 14.379 suffrages, soit 4,56 p. cent du total.

Dans le *canton Nord*, il a enregistré 5.149 voix (4,57 p. cent du total). Moyenne arithmétique des suffrages 468, moyenne géométrique des suffrages 444, terme médian de la série 418.

Le très grand écart entre les moyennes nous démontre qu'il y a dans la série des termes anormalement élevés. M. le député Dahlet a enregistré un nombre de suffrages (969) supérieurs de 198,1 p. cent au chiffre minimum de la liste. Ce taux est le plus fort qu'on ait constaté aux élections du 5 mai 1929. Viennent ensuite M. l'avocat Fr. Klein (taux de 78,4 p. cent), M. Stambach (64,6 p. cent), etc.

Taux spéciaux des suffrages du parti dans les différents quartiers du canton Nord :

Elsässische Fortschrittspartei.

Diese Partei, die zum 1. Male in Strassburg den Wählern eine eigene Liste präsentierte, konnte 14 379 Stimmen 4,56 Prozent der Gesamtzahl auf sich vereinigen.

Im *Kanton Nord* erhielt sie 5 149 Stimmen, gleich 4,57 Prozent. Arithmetisches Mittel 468, geometrisches Mittel 444, Mittelglied dieser Serie 418.

Die grossen Abweichungen der Mittel zeigen deutlich die Unterschiede in den Stimmen. H. Député Dahlet, erhielt die höchste Stimmenzahl mit 969 oder 198,1 Prozent mehr als die Minimalzahl dieser Liste. Dieser Prozentsatz ist der höchste, den man bei den Wahlen vom 5. Mai 1929 feststellen kann. H. Advokat Klein folgt mit 78,4 Prozent, sodann H. Stambach mit 64,6 Prozent mehr, usw.

Verhältniszahlen der erhaltenen Stimmen der Partei in den verschiedenen Stadtteilen des Kanton Nord :

Robertsau	2,49 p. cent du total
Tivoli et Wacken	7,92 » » (taux le plus fort du parti)
Partie Nord de la ville intra-muros	5,10 p. cent du total

Dans le *canton Sud*, le parti a obtenu 716 suffrages ou 3,05 p. cent du total. Moyenne arithmétique des suffrages 143, moyenne géométrique des suffrages 138, terme médian de la série 123.

Le panachage a été surtout pratiqué en faveur de M. le député Dahlet, ses suffrages dépassant de 99,1 p. cent le chiffre minimum.

Im *Kanton Süd* erhielt die Partei 716 Stimmen, gleich 3,05 Prozent. Arithmetisches Mittel 143, geometrisches Mittel 138, Mittelglied dieser Serie 123.

Das Panaschieren wurde hier besonders zu Gunsten von H. Député Dahlet vorgenommen, der dadurch 99,1 Prozent mehr Stimmen bekam, als der am wenigsten begünstigste dieser Liste.

Taux spéciaux des suffrages du parti dans les différents quartiers du canton Sud :

Verhältniszahlen der erhaltenen Stimmen der Partei in den verschiedenen Stadtteilen des Kanton Süd :

Neuhof-Stockfeld	2,16 p. cent du total (taux min. du parti)
Finkwiller, etc.	3,36 p. cent du total

Dans le *canton Est*, les suffrages du parti se chiffrent à 4.700, soit 5,18 p. cent du total. Moyenne arithm. des suffrages 470, moyenne géométrique des suffrages 460, terme médian de la série 424.

Le panachage a été pratiqué en faveur de M. le député Dahlet, ses suffrages étant supérieurs de 83,7 p. cent au chiffre minimum de la série, de MM. Tillmann et Stambach.

Taux spéciaux des suffrages du parti dans les différents quartiers du canton Est :

Im *Kanton Ost* beläuft sich die gesamte Stimmenzahl dieser Partei auf 4 700, gleich 5,18 Prozent. Arithmetisches Mittel 470, geometrisches Mittel 460, Mittelglied dieser Serie 424.

Auch hier erhielt H. Député Dahlet infolge Panaschierens die meisten Stimmen und zwar 83,7 Prozent mehr. Ihm folgen die HH. Tillmann und Stambach.

Verhältniszahlen der erhaltenen Stimmen der Partei in den verschiedenen Stadtteilen des Kanton Ost :

Neudorf	6,42 p. cent du total
Krutenau, etc.	3.08 » »

Dans le *canton Ouest*, ce parti a enregistré 3.814 voix, soit 4,34 p. cent du total. Moyenne arithmétique des suffrages 381, moyenne géométrique des suffrages 370, terme médian de la série 336.

Les suffrages de M. le député Dahlet dépassent ici de 110 p. cent le chiffre minimum. Pour le candidat M. l'avocat Fr. Klein est noté un taux de 64 p. cent.

Taux spéciaux des suffrages du parti dans les différents quartiers du canton Ouest :

Im *Kanton West* konnte die Partei 3 814 Stimmen, gleich 4,34 Prozent auf sich vereinigen. Arithmetisches Mittel 381, geometrisches Mittel 370, Mittelglied dieser Serie 336.

Die erhaltene Stimmenzahl des H. Député Dahlet überschreitet um 110 Prozent diejenige der niedersten Ziffer dieser Serie. Für den Advokaten H. Klein beträgt diese Ziffer 64 Prozent.

Verhältniszahlen der erhaltenen Stimmen der Partei in den verschiedenen Stadtteilen des Kanton West :

Quart. de la gare centrale et de l'usine électr. dans la ville intra muros	3,73 p. cent du total
Kœnigshoffen	4,74 » »
Cronenbourg	3,97 » »
Montagne-Verte et Gliesberg	7,63 » »

Union des républicains de gauche.

La liste de cette Union contient surtout les membres du parti radical du conseil municipal sortant ainsi que les candidats de la liste de ce parti aux élections du 3 mai 1925, à l'exception de MM. Dahlet, Tillmann et Stambach, qui ont passé au parti als. du progrès républ. ; nous en comparerons donc les suffrages du 5 mai 1929 avec ceux du parti radical aux élections du 3 mai 1925. L'Union a enregistré, le 5 mai 1929, 9.873 voix soit 3,14 p. cent du total, contre 35.993 voix ou 12,6 p. cent du total en 1925. Le recul des suffrages du parti radical, déjà constaté dans les mêmes proportions aux élections législatives d'avril 1928, est énorme (de 73 p. cent).

Dans le *canton Nord*, cette Union a enregistré 4.381, soit 3,83 p. cent du total contre 15.918 ou 15,6 p. cent du total en 1925. Les suffrages du candidat Becker dépassent de 135 p. cent le chiffre minimum de la série ; cet effet du panachage trouve, d'autre part, son expression dans

Bürgerblock.

Die Liste dieser Union umfasst grösstenteils die ausscheidenden radikalen Gemeinderatsmitglieder, sowie Kandidaten dieser Partei bei den Wahlen von 1925 mit Ausnahme der Herren Dahlet, Tillmann und Stambach, die zur Elsässischen Fortschrittspartei übergetreten sind. Wir werden daher die Ergebnisse dieser Liste vom 5. 5. 1929 mit denjenigen der radikalen Partei bei den Wahlen vom 3. 5. 1925 vergleichen. Der Bürgerblock erhielt am 5. 5. 1929 9 873 Stimmen oder 3,14 Prozent der Gesamtzahl, gegen 35 993 bezw. 12,6 Prozent im Jahr 1925. Der Rückgang der radikalen Stimmen, der bereits bei den Kammerwahlen vom April 1928 in demselben Masse festgestellt wurde, ist enorm (um 73 Prozent).

Im *Kanton Nord* konnte diese Union 4 381 Stimmen, gleich 3,88 Prozent auf sich vereinigen, gegen 15 918 oder 15,6 Prozent im Jahre 1925.

Die Stimmenzahl des Kandidaten Becker überschreitet um 135 Prozent die niedrigste Zahl dieser Serie. Diese Wirkung des Panaschierens

la différence entre les moyennes arithmétique (398) et géométrique (387), le terme médian étant de 380 voix.

Taux spéciaux des suffrages de cette Union dans les différents quartiers du canton Nord :

äussert sich andererseits noch in den Durchschnittszahlen; das arithmetische Mittel beträgt 398, das geometrische Mittel 387 und das Mittelglied dieser Serie 380.

Verhältniszahlen der erhaltenen Stimmen der Union in den verschiedenen Stadtteilen des Kanton Nord :

Robertsau	1,88 p. cent du total		
Tivoli et Wacken	2,15	»	»
Partie Nord de la ville	4,55	»	»

Dans le *canton Sud*, nous enregistrons 546 suffrages, soit 2,33 p. cent du total, contre 2.249 ou 10,4 p. cent en 1925. Moyenne arithm. des suffrages 109, moyenne géométrique des suffrages 108, terme médian de la série 108.

Le panachage n'a donc pas été appliqué ici d'une manière sensible.

Au Neuhof, le taux spécial des suffrages de l'Union est de 1,20 p. cent du total et de 2,72 dans le Finkwiller.

Dans le *canton Est*, cette Union a obtenu 2.036 voix, soit 2,24 p. cent du total (contre 7.624 ou 9,6 en 1925). Moyenne arithmétique des suffrages 204, moyenne géométrique des suffrages 202, terme médian de la série 189.

MM. Minck, Becker et Trebus ont spécialement été favorisés par le panachage.

Taux spéciaux des suffrages de l'Union dans les différents quartiers du canton Est :

Im *Kanton Süd* erhielt die Partei 546 Stimmen, gleich 2,33 Prozent gegen 2 249 oder 10,4 Prozent, im Jahre 1925. Arithmetisches Mittel 109, geometrisches Mittel 108, Mittelglied dieser Serie 108.

Vom Panaschieren wurde hier wenig Gebrauch gemacht.

Für Neuhof beträgt der Prozentsatz der erhaltenen Stimmen 1,20, für das Finkweiler-viertel 2,72.

Im *Kanton Ost* hat die Union 2 036 Stimmen, gleich 2,24 Prozent, gegen 7 624 oder 9,6 Prozent im Jahre 1925, erhalten. Arithmetisches Mittel 204, geometrisches Mittel 202, Mittelglied dieser Serie 189.

Die Herren Minck, Becker und Trebus wurden durch das Panaschieren besonders begünstigt.

Verhältniszahlen der erhaltenen Stimmen der Union in den verschiedenen Stadtteilen des Kanton Ost :

Neudorf	1,95 p. cent du total		
Krutenau, etc.	2,74	»	»

Dans le *canton Ouest*, les suffrages de cette Union s'élèvent à 2.910, soit 3,32 p. cent du total (contre 10.184 ou 12,2 en 1925). Moyenne arithmétique des suffrages 291, moyenne géométrique des suffrages 290, terme médian de la série 278.

MM. Trebus, Sorg et Mahl ont profité du panachage.

Taux spéciaux des suffrages de cette Union dans les différents quartiers du canton Ouest :

Im *Kanton West* beziffert sich die erhaltene Stimmenzahl der Union auf 2 910 gleich 3,32 Prozent, gegen 10 184 Stimmen oder 12,2 Prozent bei den Wahlen von 1925. Arithmetisches Mittel 291, geometrisches Mittel 290, Mittelglied dieser Serie 278.

Die Herren Trebus, Sorg und Mahl profitierten hier durch das Panaschieren.

Verhältniszahlen der erhaltenen Stimmen der Union in den verschiedenen Stadtteilen des Kanton West :

Quart. de la gare centrale et de l'usine électr. dans la ville intra muros	4,36 p. cent du total		
Kœnigshoffen	1,44	»	»
Cronenbourg	2,10	»	»
Montagne-Verte et Gliesberg	3,68	»	»

Le Groupe indépendant des anciens combattants et invalides de guerre

n'a enregistré que 1.930 suffrages, soit 0,6 p. cent du total.

Die unabhäng. Gruppe der ehemaligen Frontkämpfer und Kriegsinvaliden

konnte nur 1 930 Stimmen gleich 0,6 Prozent vom Gesamten auf sich vereinigen.

Aperçu général sur les forces respectives des partis ou tendances politiques révélées par les élections municipales du 5 mai 1929 dans l'ensemble des 4 cantons de la ville.

Si l'on additionne purement et simplement les suffrages recueillis par les listes dans les 4 cantons, sans tenir compte de la différence essentielle du nombre de voix des électeurs (5 voix dans le canton Sud, 11 voix dans le canton Nord, etc.), on obtient le tableau suivant :

Gesamtüberblick über die Stärkeverhältnisse der politischen Parteien bei den Gemeinderatswahlen vom 5. Mai 1929 in allen 4 Kantonen.

Wenn man die erhaltenen Stimmen der verschiedenen Listen der 4 Kantone einfach zusammenzählt, ohne Berücksichtigung der durch die Wähler abzugebenden Stimmen (Kanton Süd 5 Stimmen, Kanton Nord 11 Stimmen, usw.) erhält man folgendes Bild :

Parti socialiste	80.464	voix ou	25,55	p. cent du total		
Union républ. pour la défense des intérêts communaux (parti démocr. et Apna)	54.748	» »	17,38	»	»	
	135.212		42,93	»	»	
Parti communiste	68.495	voix ou	21,75	p. cent du total		partis à programme régionaliste ou autonomiste
U. P. R.	45.784	» »	14,54	»	»	
Parti autonomiste	39.248	» »	12,46	»	»	
Parti als. du progrès républ. (Fortschrittspartei)	14.379	» »	4,56	»	»	
Total	167.906	voix ou	53,31	p. cent du total		
Union des républ. de gauche (Bürgerbl.)	9.873	» »	3,14	»	»	
Groupe indépendant des anciens combattants et invalides de guerre	1.930	» »	0,62	»	»	

Si l'on se base, dans ces appréciations, sur une moyenne arithmétique *pondérée*, c'est-à-dire affectée d'un coefficient tenant compte de la différence du nombre de voix des électeurs dans les 4 cantons, on obtient les résultats suivants, en admettant que tous les électeurs aient eu le même nombre de voix (11).

Will man sich bei der Beurteilung auf ein *«gewogenes»* arithmetisches Mittel unter Berücksichtigung des Unterschieds der Stimmenzahl der Wähler in den 4 Kantonen stützen, so ergeben sich folgende Zahlen und Prozentsätze, wobei für alle Wähler der 4 Kantone die gleiche Stimmenzahl (11) zugrunde gelegt wird :

Parti socialiste	92.861	voix, soit	25,72	p. cent du total	
Union républ. pour la défense des intérêts communaux (Parti démocr. et Apna)	59.514	» »	16,48	»	»
	152.375	» »	42,20	»	»
Parti communiste	81.347	» »	22,53	»	»
U. P. R.	53.551	» »	14,83	»	»
Parti autonomiste (Unabhäng. Landespartei)	44.334	» »	12,28	»	»
Parti als. du progrès républ. (Fortschrittspartei)	16.088	» »	4,45	»	»
	195.320	» »	54,09	»	»
Union des républ. de gauche (Bürgerblock)	11.027	» »	3,06	»	»
Groupe indépendant des anciens combattants et inval. de guerre	2.341	» »	0,65	»	»

Cependant, les 4 cantons étant des sections électorales indépendantes, il convient d'en tenir compte dans l'appréciation générale :

Da jedoch die 4 Kantone unabhängige Wahlsektionen bilden, muss dies bei der Beurteilung berücksichtigt werden :

Canton Nord :

1° Union républ. pour la défense des intérêts communaux (Parti démocr. et Apna)	28,52	p. cent du total des voix				53,57
2° Parti socialiste	25,05	»	»	»	»	
3° U. P. R.	12,49	»	»	»	»	44,00
4° Parti communiste	12,47	»	»	»	»	
5° Parti autonomiste	12,47	»	»	»	»	
6° Parti alsacien du progrès républ.	4,57	»	»	»	»	
7° Union des républ. de gauche	3,88	»	»	»	»	
8° Groupe indépendant des anc. combatt. et inv.	0,55	»	»	»	»	

	Canton Sud	Canton Est	Canton Ouest
		p. c. du total des voix	
1° Parti communiste	28,65	29,15	24,18
2° U. P. R.	17,81	13,74	17,12
3° Parti autonomiste	9,95	12,10	13,49
4° Parti alsacien du progrès républ.	3,05	5,18	4,34
	59,46	60,17	55,74
5° Parti socialiste	27,79	27,46	23,62
6° Union pour la défense des intérêts communaux	9,33	9,59	13,30
	37,12	37,05	36,92
7° Union des républ. de gauche	2,33	2,24	3,32
8° Groupe indépendant des anc. combattants et inv.	1,09	0,54	0,63

Observations sur les résultats du 2e tour de scrutin (12 mai 1929).

Au premier tour de scrutin, aucun candidat n'a été élu. Au 2e tour de scrutin, *le parti communiste* n'a pas présenté de candidats dans le canton Nord, où il avait recueilli, le 5 mai, 14.062 voix, soit 12,47 p. cent du total. Dans les cantons Est et Sud, quatre candidats autonomistes (MM. Schall, Heil, Schlegel et le Dr Charles Roos) ont figuré sur la liste communiste, qui a été entièrement élue à la majorité relative et même absolue. Le parti communiste a présenté une liste complète de candidats au canton Ouest.

Dans les cantons Ouest et Nord, l'*U. P. R.*, le *parti autonomiste* (Unabhängige Landespartei) et le *parti alsacien du progrès républicain* ont présenté une liste commune.

Le *parti socialiste* et l'*Union républ. pour la défense des intérêts communaux* (le parti démocr. et l'Apna) ont maintenu dans chaque canton des listes spéciales.

L'*Union des républicains de gauche* et le *Groupe indépendant des anc. comb. et invalides de guerre* n'ont plus posé de candidatures au 2e tour de scrutin.

Le tableau synoptique de la page 77bis avec les taux et les indices révélant les effets du panachage nous donne un aperçu complet sur les résultats de ce scrutin. Notons ici, à titre complémentaire, les moyennes des suffrages obtenus par les différentes listes :

Bemerkungen über die Resultate des 2. Wahlgangs (12. Mai 1929).

Beim 1. Wahlgang wurde kein Kandidat gewählt. Die kommunistische Partei hat im Kanton Nord, wo sie am 5. Mai 14 062 Stimmen, gleich 12,47 Prozent auf sich vereinigen konnte, beim 2. Wahlgang keine Kandidaten aufgestellt. Im Kanton Ost und Süd wurde die kommunistische Liste, auf der 4 autonomistische Kandidaten figurierten (die Herren Schall, Heil, Schlegel und Dr. Roos), mit grosser und absoluter Stimmenmehrheit gewählt. Im Kanton West präsentierte die kommunistische Partei eine vollständige Liste.

Im Kanton West und Nord stellte die U. P. R. zusammen mit der autonomistischen Partei und der elsässischen Fortschrittspartei eine gemeinsame Liste auf.

Die sozialistische Partei und die Union rép. pour la défense des intérêts communaux (Parti démocr. und Apna) präsentierten in jedem Kanton eigene Listen.

Die Union des républ. de gauche, sowie die Unabhäng. Gruppe der ehem. Frontkämpfer und Kriegsinvaliden haben keine Kandidaten im 2. Wahlgang aufgestellt.

Die Uebersichtstabelle Seite 77bis aus der deutlich der Einfluss des Panaschierens hervorgeht, gibt uns ein genaues Bild über die Resultate des 2. Wahlgangs. Nachstehend die Durchschnittszahlen der erhaltenen Stimmen der verschiedenen Listen :

Désignation des partis et des cantons Bezeichnung der Parteien und Kantone	Moyenne arithmétique Arithmetisches Mittel	Moyenne géométrique Geometrisches Mittel	Moyenne terme médian de la série Mittelglied der Serie oder Zahlenreihe der Stimmen
Parti socialiste (*S. F. I. O.*) Soz. Partei			
Canton Nord	3.501	3.494	3.414
» Sud	1.636	1.635	1.613
» Est	3.076	3.074	3.008
» Ouest	2.753	2.751	2.700

Désignation des partis et des cantons Bezeichnung der Parteien und Kantone	Moyenne arithmétique Arithmetisches Mittel	géométrique Geometrisches Mittel	terme médian de la série Mittelglied der Serie
Liste commune de l'U. P. R., Unabhängige Landespartei et du parti progressiste. Gemeinsame Liste der Els. Volkspartei, der Unabhängigen Landespartei und der Fortschrittspartei			
Canton Nord	2.982	2.981	2.989
» Ouest	2.807	2.806	2.802
Union républ. pour la défense des intérêts communaux. (Parti démocrate et Apna)			
Canton Nord	3.535	3.533	3.487
» Sud	576	575	569
» Est	1.269	1.257	1.259
» Ouest	1.271	1.269	1.246
Parti communiste avec Unabhäng. Landespartei			
Canton Sud	2.382	2.381	2.416
» Est	4.656	4.655	4.650
Parti communiste seul			
Canton Ouest	2.415	2.415	2.402

Ont été élus:
Au *canton Nord*:

Gewählt wurden:
Im *Kanton Nord*:

MM. Peirotes (soc. 4.039 v.), Haug (dém. 3.886 v.), Nægelen (soc. 3.699 v.), Imbs (soc. 3.687 v.) Stæhling (dém. 3.607 v.), Riehl (soc. 3.599 v.), Brion (dém. 3.599 v.), Garcin (dém. 3.599 v.) Mæchling (dém. 3.569 v.), Streisguth (dém. 3.487 v.), Federlin (dém. 3.475 v.).

M. Imbs (soc.), qui a été élu 2 fois (dans les cantons Ouest et Nord), a démissionné dans le canton Nord.

H. Imbs, der 2 mal, und zwar im Nord- und Westkanton gewählt wurde, demissionnierte im Nordkanton.

Les candidats démocrates ont été élus sur la liste de l'Union pour la défense des intérêts communaux formée par le parti démocr. et l'Apna.

Die demokratischen Kandidaten wurden auf der Liste der Union zur Verteidigung der Gemeindeinteressen (demokrat. Partei und Apna) gewählt.

Au *canton Sud*:

Im *Kanton Süd*:

MM. Mourer (communiste 2.433 v.), Dr Roos (autonomiste 2.422 v.), Hueber (commun. 2.416 v.), Muerschel (commun. 2.329 v.), Heck (commun. 2.311 v.).

Au *canton Est*:

Im *Kanton Ost*:

MM. Heysch (commun. 4.805 v.), Schall (autonom. 4.742 v.), Haas (commun. 4.704 v.), Heil (autonom. 4.673 v.), Schlegel (autonom. 4.657 v.), Mohn (commun. 4.643 v.), Ferrenbach (commun. 4.596 v.), Hengstler (commun. 4.595 v.), Schluck (commun. 4.576 v.), Fassnacht (commun. 4. 568 v.).

Au *canton Ouest*: Im *Kanton West*:

MM. Peirotes (soc. 3.018 v.), Hauss (autonom. 2.901 v.), Dahlet (progressiste 2.867 v.), Klein (progressiste 2.861 v.), Imbs (soc. 2.848 v.), Walter (U. P. R. 2.843 v.), Riehl (soc. 2.837 v.), Spiesser (U. P. R. 2.804 v.), Merckel (U. P. R. 2.800 v.), Kœssler (U. P. R. 2.795 v.).

MM. Peirotes et Riehl, qui sont élus 2 fois (dans le canton Nord et Ouest), ont démissionné dans le canton Ouest.

Die HH. Peirotes und Riehl, die 2 mal, und zwar im Nord- und Westkanton gewählt wurden, demissionnierten im Westkanton.

E. Installation du Conseil municipal et élection du Maire et de six Adjoints (22 mai 1929).

L'an mil neuf cent vingt-neuf, le vingt-deux du mois de mai à 11 heures du matin, les membres du conseil municipal de la commune de Strasbourg, proclamés par le bureau électoral à la suite des opérations du 12 mai 1929, se sont réunis dans la salle des délibérations du Conseil municipal sur la convocation qui leur a été adressée par le Maire, conformément aux art. 48 et 77 de la loi du 5 avril 1884.

Etaient présents [1]) MM. les conseillers municipaux:

E. Amtseinführung des Gemeinderats und Wahl des Maire und der 6 Beigeordneten (22. Mai 1929).

Im Jahre Neunzehnhundertneunundzwanzig den 22. des Monats Mai um 11 Uhr vormittags, haben die Mitglieder des Gemeinderats der Gemeinde Strassburg zufolge der, gemäss Art. 48 und 77 des Gesetzes vom 5. April 1884 ihnen zugestellten Einladung des Maire sich im Gemeinderatssitzungssaal versammelt.

Anwesend [1]) waren die Herren Gemeinderatsmitglieder:

Heysch, Schall, Haas, Heil, Schlegel, Mohn, Ferrenbach, Hengstler, Schluck, Fassnacht, Peirotes, Haug, Nægelen, Stæhling, Riehl, Brion, Garcin, Mæchling, Streisguth, Federlin, Hauss, Dahlet, Klein, Imbs, Walter, Spiesser, Merckel, Kœssler, Mourer, Hueber, Muerschel, Heck.

Absent M. Roos, excusé.

La séance a été ouverte sous la présidence de M. Peirotes, Maire, qui après l'appel nominal, a donné lecture des résultats constatés, aux procès-verbaux des élections et a déclaré installer MM.

Es fehlen: H. Roos, entschuldigt.

Die Sitzung wurde eröffnet unter dem Vorsitz des Herrn Peirotes, Maire, welcher nach erfolgtem namentlichen Aufruf, die Ergebnisse die in dem Wahlprotokoll festgelegt sind, verlesen und erklärt hat, dass die Herren

Heysch, Schall, Haas, Heil, Schlegel, Mohn, Ferrenbach, Hengstler, Schluck, Fassnacht, Peirotes, Haug, Nægelen, Stæhling, Riehl, Brion, Garcin, Mæchling, Streisguth, Federlin, Hauss, Dahlet, Klein, Imbs, Walter, Spiesser, Merckel, Kœssler, Mourer, Roos, Hueber, Muerschel, Heck

dans leurs fonctions de conseillers municipaux. M. Heysch, le plus âgé des membres du conseil, a pris ensuite la présidence.

Le Conseil a choisi pour secrétaire M. Muerschel.

hiermit in ihr Amt als Gemeinderatsmitglieder eingeführt sind. M. Heysch übernimmt nunmehr als ältestes Mitglied den Vorsitz.

Der Gemeinderat hat als Schriftführer M. Muerschel gewählt.

---

[1]) Tous les 33 conseillers municipaux effectivement élus le 12 mai 1929 étaient présents, à l'exception de M. Charles Roos, excusé. Trois conseillers municipaux (MM. Peirotes, Imbs et Riehl) ont été simultanément élus dans 2 cantons (Nord et Ouest). Par suite de cette double élection, M. Imbs a démissionné dans le canton Nord et MM. Peirotes et Riehl dans le canton Ouest. Il n'y a donc que 33 conseillers municipaux en exercice après les élections du 12 mai 1929. Les noms des conseillers municipaux sont indiqués ici dans *l'ordre du tableau*, d'après le nombre des suffrages qu'ils ont recueillis (art. 49, loi du 5-4-1884). M. Heysch Michel est à la fois le doyen d'âge et le membre du conseil qui a réuni le plus de voix (au 2e tour de scrutin).

M. Roos Charles s'intercale entre MM. Mourer et Hueber dans l'ordre du tableau.

[1]) Alle 33 am 12. Mai 1929 gewählten Gemeinderatsmitglieder waren anwesend, mit Ausnahme des H. Charles Roos, der entschuldigt war. Drei Gemeinderatsmitglieder (die Herren Peirotes, Imbs und Riehl) wurden gleichzeitig in 2 Kantonen (Nord und West) gewählt. Infolge dieser Doppelwahl ist H. Imbs im Kanton Nord zurückgetreten und die Herren Peirotes und Riehl im Kanton West. Nach den Erneuerungswahlen vom 12. Mai 1929 sind also namentlich nur 33 Gemeinderatsmitglieder im Amte. Die Namen der Gemeinderatsmitglieder sind hier in der Reihenfolge *der beim 2. Wahlgang erhaltenen Stimmenzahl* (Rangliste) aufgeführt (Art. 49 des Ges. vom 5. 4. 1884).

H. Heysch Michel ist das älteste Mitglied und hat die höchste Stimmenzahl beim 2. Wahlgang erhalten.

H. Roos Charles ist zwischen die Herren Mourer und Hueber in dieser Rangliste einzuschieben.

Election du Maire.

1er tour de scrutin.

Le Président donne lecture des dispositions suivantes de la loi du 5 avril 1884 (articles 76, 77, 80 et 84) : « Le conseil municipal élit le Maire et les adjoints parmi ses membres au scrutin secret et à la majorité absolue. Si, après deux tours de scrutin, aucun candidat n'a obtenu la majorité absolue, il est procédé à un troisième tour de scrutin et l'élection a lieu à la majorité relative. En cas d'égalité de suffrages, le plus âgé est proclamé élu.

La séance à laquelle il est procédé à l'élection du Maire est présidée par le plus âgé des membres du conseil municipal.

Les membres du conseil municipal sont convoqués à cette séance par le Maire. La convocation est mentionnée au registre des délibérations, affichée à la porte de la Mairie et adressée par écrit et à domicile, trois jours francs au moins avant celui de la réunion.

La convocation contiendra la mention spéciale de l'élection à laquelle il devra être procédé.

Ne peuvent être Maires ou adjoints, ni en exercer même temporairement les fonctions : les agents et employés des administrations financières, les trésoriers-payeurs généraux, les receveurs particuliers et les percepteurs, les agents des forêts, ceux des postes et télégraphes, ainsi que les gardes des établissements publics et des particuliers. Les agents salariés du Maire ne peuvent être adjoints ».

M. Heysch invite ensuite le conseil à procéder, au scrutin secret et à la majorité absolue des suffrages, à l'élection d'un Maire.

Chaque conseiller municipal, à l'appel de son nom, a remis fermé au président son bulletin de vote écrit sur papier blanc.

Le dépouillement du vote a donné les résultats ci-après :

Wahl des Maire.

1. Wahlgang.

Der Vorsitzende verliest folgende Bestimmungen des Gesetzes vom 5. April 1884 (Art. 76, 77, 80 u. 84) : « Der Gemeinderat wählt den Maire und die Adjoints aus seiner Mitte, in geheimer Wahl und nach Stimmenmehrheit. Wenn nach 2 Wahlgängen kein Kandidat die absolute Stimmenmehrheit erlangt hat, findet ein dritter Wahlgang statt, und die Wahl erfolgt nach der relativen Stimmenmehrheit. Im Falle der Stimmengleichheit entscheidet das Lebensalter.

In der Sitzung, in welcher der Maire gewählt wird, führt das älteste Gemeinderatsmitglied den Vorsitz.

Die Mitglieder des Gemeinderats werden zu dieser Sitzung durch den Maire eingeladen. Die Einladung wird im Protokoll-Register des Gemeinderats vermerkt, an die Tür der Mairie angeschlagen und den Mitgliedern schriftlich mindestens 3 volle Tage vor der Sitzung in deren Wohnung zugestellt.

In der Einladung muss besonders hervorgehoben werden, welche Wahl vorgenommen werden soll.

Maire oder Adjoint können nicht sein, auch nicht vorübergehend mit der Wahrnehmung der Stelle beauftragt werden : die Angestellten und Beamten der Finanzverwaltungen, die trésoriers-payeurs-généraux, die receveurs particuliers und die Rentmeister, die Forstbeamten, die Beamten der Post- und Telegraphenverwaltung, sowie die Aufseher und Hüter von öffentlichen und Privat-Anstalten. Die besoldeten Angestellten des Maire können nicht Beigeordnete sein. »

Alsdann fordert H. Heysch den Gemeinderat auf, in geheimer Wahl, mit absoluter Stimmenmehrheit zur Wahl eines Maire zu schreiten.

Jedes Gemeinderatsmitglied übergibt bei Aufruf seines Namens dem Vorsitzenden seinen geschlossenen, auf weisses Papier geschriebenen Wahlzettel.

Die Stimmenzählung hatte folgendes Ergebnis :

Nombre de buletins trouvés dans l'urne Zahl der in der Urne vorgefundenen Zettel	32
a déduire : *bulletins blancs* ou ne contenant pas une désignation suffisante ou dans lesquels les votants se sont fait connaître davon ab : *weisse Zettel* mit ungenügenden Angaben oder in welchen die Wähler sich zu erkennen gaben	3
Reste pour le nombre des suffrages exprimés Bleiben gültige Stimmen	29
Majorité absolue Absolute Stimmenmehrheit	15

Ont obtenu — Es erhielten :

M. Hueber	18 voix - Stimmen
M. Haug	7 »
M, Peirotes	4 »

M. Hueber, ayant obtenu la majorité absolue, a été proclamé Maire.
Herr Hueber, der die absolute Stimmenmehrheit erreicht hat, ist als Maire ausgerufen worden.

CHARLES HUEBER

MAIRE DE STRASBOURG — Bürgermeister von Strassburg.

Conseiller général de Strasbourg (canton Sud) — Generalrat von Strassburg (Südkanton).

Frédéric Klein	Charles Kœssler	Michel Walter	Charles Hueber	Ernest Haas	C.-P. Heil	Michel Heysch	Victor Spiesser	René Schlegel
Dr. en droit, avocat du Barreau de Strasb. 4e adjoint	institut. en retr. 3e adjoint	député et Cons. général 1er adjoint	Maire de Strasb. Cons. général	5e adjoint	Cons. général 2e adjoint	Cons. d'arrondissement d. Strasb. 6e adjoint	Conseiller municipal Officier de l'état civil Standesbeamter	Conseiller municipa Officier de l'état civil Standesbeamter

Election des adjoints.

Il a été procédé ensuite dans les mêmes formes sous la présidence de M. Hueber, élu Maire, à l'élection des six adjoints.

Le dépouillement du scrutin a donné les résultats suivants :

Wahl der Beigeordneten.

Sodann wurde in gleicher Weise und unter dem Vorsitz des als Maire gewählten H. Hueber, die Wahl der 6 Beigeordneten vorgenommen.

Das Ergebnis der Stimmenzählung war folgendes :

1er Adjoint :	M. Walter,	élu avec / gewählt mit	21	voix / Stimmen	11 bulletins blancs / Weisse Zettel
2e »	M. Heil	» »	21	»	11 » »
3e »	M. Kœssler,	» »	21	»	11 » »
4e »	M. Klein,	» »	20	»	12 » »
5e »	M. Haas,	» »	21	»	11 » »
6e »	M. Heysch,	» »	21	»	11 » »

Le président a déclaré MM.

Der Vorsitzende hat die Herren

WALTER, HEIL, KOESSLER, KLEIN, HAAS, HEYSCH

installés en qualité d'adjoints au maire.

als Beigeordnete eingeführt erklärt.

Le Maire	Le doyen d'âge	Le secrétaire
signé : Hueber	signé : Heysch	signé : Muerschel

F. Ordre du tableau*

(art. 49 de la loi du 5 avril 1884).

Ont été proclamés membres du Conseil municipal comme réunissant les conditions prévues par la loi :

F. Rangliste des Gemeinderats*

(gem. Art. 49 des Gesetzes vom 5. April 1884)

Es wurden als gewählt proklamiert :

1° HEYSCH MICHEL (comm.)
Conseiller d'arrondissement, früh. Gemeinderatsmitglied

2° SCHALL PAUL (autonom.)
Chefredakteur

3° HAAS ERNEST (comm.)
Redakteur, früheres Gemeinderatsmitglied

4° HEIL CHARLES-PHILIPPE (autonom.)
Generalrat

5° SCHLEGEL RENÉ (autonom.)
Kaufmann

6° MOHN JOSEPH (comm.)
Sekretär der Union régionale der C. G. T. U.
Zweiter Präsident des Mietersyndikats Strassb.

7° FERRENBACH LAURENT (comm.)
Einkassierer

8° HENGSTLER EMILE (comm.)
Coiffeur, Vorsitzender der F. S. T. A.-L.

*) D'après l'art. 49 de la loi du 5 avril 1884, l'ordre du tableau est déterminé, même quand il y a des sections électorales : 1° par la date la plus ancienne des nominations : 2° entre conseillers élus le même jour, par le plus grand nombre des suffrages obtenus; et 3° à égalité de voix, par la priorité d'âge.

*) Nach Art. 49 der Gemeindeordnung vom 5. April 1884 wird die Reihenfolge oder Rangliste der Gemeinderatsmitglieder bestimmt : 1. durch den Tag der Ernennung ; 2. bei Ernennungen am gleichen Tage nach der erhaltenen Stimmenzahl und 3. bei Stimmengleichheit durch das Lebensalter.

9° SCHLUCK Georges (comm.)
Commerçant und Wirt

10° FASSNACHT Frédéric (comm.)
Sekretär des Bauarbeiterverbandes C. G. T. U.
Mitglied des Vorstandes des Kriegsinvalidenverbandes.

11° PEIROTES Jacques (soc.)
Député de Strasbourg
Maire sortant

12° HAUG Hugo (démocr.)
Secrétaire général de la Chambre de commerce
ancien conseiller municipal

13° NÆGELEN Marcel-Edmond (soc.)
Professeur à l'Ecole normale
Adjoint au maire sortant

14° STÆHLING Charles (démocr.)
Maître de conférences à l'Université

15° RIEHL Charles (soc.)
Président de la Fédération des Coopératives d'Alsace
Membre du Conseil de Réseau d'Alsace et de Lorraine
Conseiller sortant

16° BRION Willy (démocr.)
Docteur en médecine

17° GARCIN Robert (démocr.)
Avocat au Barreau de Strasbourg

18° MÆCHLING Emile (démocr.)
Entrepreneur

19° STREISGUTH Georges (démocr.)
Bandagiste

20° FEDERLIN Alfred (démocr.)
Jardinier-cultivateur
Président du syndicat agricole de Strasbourg-Ouest

21° HAUSS René (autonom.)
Député — Generalrat

22° DAHLET Camille (Els. Fortschr.-Partei)
Député, cons. municip. sortant

23° KLEIN Frédéric (Els. Fortschr.-Partei)
Docteur en droit, Avocat au Barreau de Strasbourg

24° IMBS Eugène (soc.)
Président de l'Union des Syndicats ouvriers du Bas-Rhin
Adjoint au Maire sortant

25° WALTER Michel (U. P. R.)
Député, Conseiller général

26° SPIESSER Victor (U. P. R.)
Ancien conseiller municipal

27° MERCKEL Joseph (U. P. R.)
Hôtelier-restaurateur

28° KŒSSLER Charles (U. P. R.)
Instituteur en retraite

29° MOURER Jean-Pierre (comm.)
Député von Strassburg

30° Dr ROOS Charles (autonom.)

31° HUEBER Charles (comm.)
Cons. général, früh. Député, früh. Gemeinderatsmitglied

32° MUERSCHEL Henri (comm.)
Cheminot. Mitglied des Conseil sup. des chemins de fer de France

33° HECK René (comm.)
Employé

G. Par arrêté du 23 mai 1929, le Maire a délégué une partie de ses fonctions aux adjoints comme suit :

G. Durch Verfügung des Herrn Maire vom 23. Mai 1929 wurde die Zuteilung der verschiedenen Dienstabteilungen an die neugewählten Adjoints wie folgt geregelt :

MAIRE :

Division C.

Administration générale ; théâtre ; bureau de propagande.

Division C. F. (Finances).

Le budget et les affaires plus importantes de cette division.

Zentralabteilung.

Allgemeine Verwaltung ; Stadttheater ; Propagandabureau.

Finanzabteilung.

Das Budget und die wichtigeren Angelegenheiten dieser Abteilung.

Adjoint M. KŒSSLER.

Division C. (Théâtre).

Affaires de petite importance.

Division C. F. (Finances).

Les affaires courantes de l'octroi et du service des dommages de guerre ; comptabilité : correspondance ; mandats ; rectification des mandats ; administration des comptes de banque ; valorisation ; revision des comptes ; décisions de nature moins importante ; caisse municipale : affaires courantes.

Zentralabteilung (Stadttheater).

Angelegenheiten formeller Natur.

Finanzabteilung.

Die laufenden Geschäfte des Oktroi und der Kriegsschäden ; Buchhaltung : laufende Korrespondenz und Kassenanweisungen ; einfachere Berichtigungen von Anweisungen ; Verwaltung der Bankkonten ; Valorisation ; Rechnungsrevision ; Entscheidungen nicht wesentlicher Art. Stadtkasse : laufende Geschäfte.

Adjoint M. HEIL.

Division I.

Administration des propriétés foncières de la ville. Grande percée. Service des redevances municipales ; droits de reconnaissance ; Office des logements ; Office public d'habitations à bon marché ; Administration de « l'Œuvre Notre Dame ».

Abteilung I.

Domänenverwaltung. Grosser Strassendurchbruch. Heberollendienst über Hausgebühren etc. Anerkennungsgebühren ; Wohnungsamt ; Verwaltung des Stifts « Unser Frauen Werk ».

Adjoint M. KLEIN.

Division II et Office de statistique

à l'exception des affaires concernant les conseils de surveillance et leurs séances, les budgets, les changements des tarifs, qui sont réservés au Maire.

Administration des entreprises municipales ; bureau de légalisation ; bureau militaire ; bureau pour les affaires de nationalité ; bureau électoral.

Abteilung II und Statistisches Amt

mit Ausnahme der Angelegenheiten betr. die Aufsichtsräte und deren Sitzungen, die Budgets und Tarifänderungen, die dem Herrn Maire vorbehalten sind. Angelegenheiten der städt. Betriebe ; Beglaubigungsbureau ; Militärbureau ; Bureau für Nationalitätsangelegenheiten ; Wahlbureau.

Adjoint M. HAAS

qui est en même temps le représentant du Maire au conseil d'administration de l'Assistance publique, des Hospices civils et du Mont-de-piété.

Division III.

Office municipal d'assistance et de prévoyance sociales. Office de placement.

Division : Hygiène.

Office municipal d'hygiène.

der zu gleicher Zeit der Vertreter des Maire im Aufsichtsrat der Armenverwaltung, der Zivilhospizien, sowie des Leihhauses ist.

Abteilung III.

Städt. Fürsorgeamt. Städt. Arbeitsamt.

Abteilung Hygiene.

Städt. Gesundheitsamt.

Adjoint M. KŒSSLER.

Division IV.

Instruction publique. Beaux-Arts. Cultes.

Abteilung IV. (Bildungswesen).

Schulwesen. Kunstinstitute. Kultus.

Adjoint M. HEIL.

Division V.

Police du bâtiment. Commission des logements insalubres.

Abteilung V.

Baupolizei. Wohnungsinspektion.

Adjoint M. HEYSCH.

Division VI.

Direction des travaux municipaux.

Abteilung VI.

Stadtbauamt.

Adjoint M. HAAS.

Division VII.

Office d'assurances sociales.

Abteilung VII.

Versicherungsamt.

Adjoint M. HEYSCH.

Division VIII a.

Etat civil (excepté les fonctions de l'Officier de l'état civil).

Abteilung VIII a.

Standesamt (mit Ausnahme der Funktionen des Standesbeamten).

Division VIII b.

Cimetières ; pompes funèbres ; incinérations.

Abteilung VIII b.

Friedhofs- und Begräbniswesen ; Feuerbestattungen.

Adjoint : M. WALTER.

Adjoint sans ressort.

Beigeordneter ohne Dienstzweig.

Par décision du 4 juin 1929, M. l'adjoint Haas à été désigné comme remplaçant permanent en cas d'absence ou d'empêchement de M. le maire.

Durch Verfügung vom 4. Juni 1929 wurde H. Beigeordneter Haas als ständiger Stellvertreter des H. Bürgermeister im Falle seiner Abwesenheit oder Verhinderung bestimmt.

Délégation des fonctions d'officier de l'état civil à deux conseillers municipaux.

Arrêté

portant délégation des fonctions d'officier de l'état civil à deux conseillers municipaux.

Übertragung der Funktionen eines Standesbeamten an zwei Gemeinderatsmitglieder.

Verordnung,

betreffend Ernennung von zwei Gemeinderatsmitgliedern als Standesbeamte.

Le Maire de la Ville de Strasbourg,

Vu la loi du 1er juin 1924, mettant en vigueur la législation civile dans les départements du Bas-Rhin, du Haut-Rhin et de la Moselle à partir du 1er janvier 1925,

Vu l'art. 13 de la loi du 28 pluviôse an VIII,

Vu l'art. 9 de la loi municipale locale du 6 juin 1895,

Arrête :

Messieurs René Schlegel et Victor Spiesser, conseillers municipaux, sont délégués dans les fonctions d'officier de l'état civil de la commune de Strasbourg.

Fait à Strasbourg, le 23 mai 1929.

Le Maire : signé Hueber.

H. Mandats accessoires des conseillers municipaux.

(Etat du mois d'octobre 1929).

Désignation de membres des conseils de surveillance, commissions administratives, etc. de divers établissements et sociétés, ainsi que de membres de diverses commissions.

1. Comité de la Crèche Stenger-Bachmann :
   M. Heysch.
2. Commission administrative de la Caisse de Crédit municipal :
   M. Hengstler à la place de M. Muller et M. Spiesser à la place de M. Steibel.
3. Conseil d'administration de l'Office public d'habitations à bon marché :
   MM. Brion, Fassnacht, Haas, Heil, Hengstler et Merckel.
4. Conseil de surveillance de la Société coopérative de logements populaires :
   MM. Fassnacht et Mæchling.
5. Comité directeur de la Société coopérative de logements populaires :
   MM. Heil et Heysch.
6. Conseil d'administration du Syndicat d'initiative et de tourisme :
   MM. Merckel et Schluck.
7. Conseil de surveillance de la Laiterie centrale :
   MM. Dahlet et Fassnacht.
8. Conseil d'administration du Port autonome :
   M. Mohn en qualité de membre du conseil municipal et
   M. Michel Walter en qualité de représentant d'entreprises de transports fluviaux.
9. Conseil de surveillance de l'Electricité de Strasbourg :
   MM. Hueber et Mourer.
10. Conseil de surveillance du Gaz de Strasbourg :
    MM. Hueber et Mohn.
11. Conseil de surveillance de la Comgagnie de Tramway strasbourgois :
    MM. Garcin, Heil, Hueber, Klein, Merckel et Mohn.
12. Conseil de surveillance de la Société d'Affichage et de Publicité :
    MM. Mourer, Dahlet et Schall.
13. Conseil d'arbitrage de l'Assistance publique locale :
    MM. Hengstler et Spiesser.
14. Conseil d'administr. de la Caisse d'Epargne :
    Président : M. l'adjoint Klein :

MM. Brion, Fassnacht, Federlin, Ferrenbach, Haas, Hauss, Heck, Hueber, Kœssler, Merckel, Muerschel, Reisacher, Roos, Schies, Schluck, Spiesser et Streisguth.

H. Nebenmandate der Gemeinderatsmitglieder.

(Stand im Oktober 1929.)

Bezeichnung der Mitglieder für die Aufsichts- bezw. Verwaltungsräte von Gesellschaften und Anstalten, sowie die Mitglieder der verschiedenen Kommissionen.

1. Vorstand der Krippe Stenger-Bachmann :
   Herr Heysch.
2. Verwaltungsrat des Leihhauses :
   An Stelle von Herrn Muller Herr Hengstler und an Stelle von Herrn Steibel Herr Spiesser.
3. Verwaltungsrat des Office d'habitations à bon marché :
   Die Herren Brion, Fassnacht, Haas, Heil, Hengstler und Merckel.
4. Aufsichtsrat der gemeinnützigen Baugenossenschaft :
   die Herren Fassnacht und Mæchling.
5. Vorstand der gemeinnützigen Baugenossenschaft :
   die Herren Heil und Heysch.
6. Verwaltungsrat des Syndicat d'Initiative :
   die Herren Merckel und Schluck.
7. Aufsichtsrat der Milchzentrale :
   die Herren Dahlet und Fassnacht.
8. Verwaltungsrat des Port autonome :
   Die Herren Mohn als Mitglied des Gemeinderats und
   Michel Walter als Vertreter der Binnenschiffahrtsunternehmungen.
9. Aufsichtsrat des Elektrizitätswerks :
   die Herren Hueber und Mourer.
10. Aufsichtsrat des Gaswerks :
    die Herren Hueber und Mohn.
11. Aufsichtsrat der Strassburger Strassenbahn-Gesellschaft :
    Die Herren Garcin, Heil, Hueber, Klein, Merckel und Mohn.
12. Aufsichtsrat der Société d'Affichage et de Publicité :
    die Herren Mourer, Dahlet und Schall.
13. Armenschiedsamt :
    die Herren Hengstler und Spiesser.
14. Vorstand der Sparkasse :
    Vorsitzender : Herr Adjoint Klein ;

die Herren Brion, Fassnacht, Federlin, Ferrenbach, Haas, Hauss, Heck, Hueber, Kœssler, Merckel, Muerschel, Reisacher, Roos, Schies, Schluck, Spiesser und Streisguth.

Commissions mixtes.

1. Commission de surveillance des musées municipaux :
MM. Merckel, Roos, Schluck, Stæhling.

2. Commission de surveillance du Conservatoire de musique :
MM. Hauss, Merckel, Mourer, Peirotes, Streisguth.

3. Commission de surveillance de l'Ecole des Arts décoratifs. :
MM. Kœssler, Mourer, Schall, Streisguth.

4. Commission de surveillance de l'Ecole de perfectionnement professionnel :
MM. Hengstler, Mæchling, Merckel, Schluck

5. Commission de surveillance de l'Ecole de perfectionnement des industries techniques :
MM. Fassnacht, Imbs, Mæchling, Schlegel.

6. Commission de surveillance de l'Ecole normale d'enseignement ménager :
MM. Garcin, Heck, Merckel, Schluck.

7. Commission de surveillance de l'Ecole municipale d'enseignement normal et professionnel :
MM. Federlin, Ferrenbach, Garcin, Muerschel, Nægelen, Roos, Spiesser.

8. Commission de surveillance de l'Ecole de perfectionnement ménager :
MM. Brion, Garcin, Heck, Hengstler, Merckel, Schlegel, Schluck.

9. Commission de contrôle pour les cours d'adultes de langue française :
MM. Haug et Muerschel.

10. Commission pour la dénomination des rues :
MM. Brion, Dahlet, Merckel, Mourer, Roos, Schall.

11. Commission pour la fourniture de vêtements de service :
MM. Ferrenbach et Schlegel.

12. Commission d'appel pour les réclamations concernant l'érection de monuments funéraires :
MM. Haas et Mæchling.

13. Commission d'administration de la Fondation Spach :
MM. Garcin et Hengstler.

14. **Commission des Beaux-Arts :**
MM. Dahlet, Haug, Mæchling, Mohn, Mourer, Schall.

Gemischte Kommissionen.

1. Aufsichtskommission für die städt. Museen :
die Herren Merckel, Roos, Schluck, Stæhling.

2. Aufsichtskommission des Musikkonservatoriums :
die Herren Hauss, Merckel, Mourer, Peirotes, Streisguth.

3. Aufsichtskommission der Kunstgewerbeschule :
die Herren Kœssler, Mourer, Schall, Streisguth.

4. Aufsichtskommission der Gewerbl. Fortbildungsschule :
die Herren Hengstler, Mæchling, Merckel, Schluck.

5. Aufsichtskommission der Baugewerbl. Fortbildungsschule :
die Herren Fassnacht, Imbs, Mæchling, Schlegel.

6. Aufsichtskommission der Koch- und Haushaltungsschule :
die Herren Garcin, Heck, Merckel, Schluck.

7. Aufsichtskommission der Industrieschule :
die Herren Federlin, Ferrenbach, Garcin, Muerschel, Nægelen, Roos, Spiesser.

8. Aufsichtskommission der Hauswirtschaftl. Fortbildungsschule :
die Herren Brion, Garcin, Heck, Hengstler, Merckel, Schlegel, Schluck.

9. Kontrollkommission d. französischen Sprachkurse für Erwachsene :
die Herren Haug und Muerschel.

10. Strassenbenennungskommission :
die Herren Brion, Dahlet, Muerschel, Mourer, Roos, Schall.

11. Städt. Kleiderkommission :
die Herren Ferrenbach und Schlegel.

12. Berufskommission betr. Aufstellung von Grabdenkmälern :
die Herren Haas und Mæchling.

13. Verwaltungskommission der Stiftung Spach :
die Herren Garcin und Hengstler.

14. **Kunstkommission :**
die Herren Dahlet, Haug, Mæchling, Mohn, Mourer, Schall.

15. Commission de surveillance du Musée zoologique :
M. Brion.

16. Commission de surveillance de l'Ecole de perfectionnement commercial :
MM. Heck, Merckel, Roos, Streisguth.

17. Conseil de perfectionnement de l'Ecole pratique de commerce :
MM. Heck, Merckel, Muerschel, Roos, Schall, Streisguth.

18. Conseil de perfectionnement de l'Ecole pratique d'industrie :
MM. Heck, Fassnacht, Mæchling, Merckel, Roos, Schluck, Streisguth.

19. Conseil de perfectionnement de l'Ecole pratique d'industrie hôtelière :
MM. Federlin, Hengstler, Merckel, Roos, Schlegel, Schluck.

20. Commission administrative de l'Office municipal et départemental de placement :
MM. Fassnacht, Federlin, Mohn, Spiesser.

21. Commission municipale du chiffre-indice :
MM. Brion et Merckel.

22. Commission des répartiteurs de la taxe sur les chiens :*)
MM. Federlin, Heck, Schlegel, Spiesser.

23. Commission pour la taxation des prix de la viande :
MM. Federlin, Hengstler, Merckel.

24. Commission de surveillance de la Bibliothèque municipale :
MM. Haug, Muerschel, Roos.

25. Commission consultative pour l'entretien et la surveillance du Rhin Tortu :
M. Schluck.

26. Commission locale des écoles primaires :
MM. Brion, Haas, Mourer, Muerschel, Roos, Schall.

27. Commission scolaire des établissements d'enseignement secondaire pour garçons :
MM. Muerschel, Stæhling, Walter.

28. Commission scolaire des établissements d'enseignement secondaire pour jeunes filles :
MM. Mourer, Roos, Stæhling.

29. Comité de patronage de l'Ecole primaire supérieure des garçons :
MM. Haug, Heck, Kœssler, Muerschel, Roos, Schluck.

30. Comité de patronage de l'Ecole primaire supérieure des filles :
MM. Haug, Heck, Kœssler, Muerschel, Roos, Schluck.

*) Cette nomination a été annulée par délibération du 14 octobre 1929.

15. Aufsichtskommission für das zoologische Museum :
Herr Brion.

16. Aufsichtskommission der Kaufm. Fortbildungsschule :
die Herren Heck, Merckel, Roos, Streisguth.

17. Beirat der Handelsfachschule :
die Herren Heck, Merckel, Muerschel, Roos, Schall, Streisguth.

18. Beirat der Gewerbefachschule :
die Herren Heck, Fassnacht, Mæchling, Merckel, Roos, Schluck, Streisguth.

19. Beirat der Hotelfachschule :
die Herren Federlin, Hengstler, Merckel, Roos, Schlegel, Schluck.

20. Verwaltungskommission des Arbeitsamtes :
die Herren Fassnacht, Federlin, Mohn, Spiesser.

21. Indexzifferkommission :
die Herren Brion und Merckel.

22. Veranlagungskommission für die Hundesteuer :*)
die Herren Federlin, Heck, Schlegel, Spiesser.

23. Kommission zur Festsetzung der Fleischpreise :
die Herren Federlin, Hengstler, Merckel.

24. Aufsichtskommission der Stadtbibliothek :
die Herren Haug, Muerschel, Roos.

25. Kommission für die Beaufsichtigung und Unterhaltung des Krummen Rheines :
Herr Schluck.

26. Ortschulvorstand :
die Herren Brion, Haas, Mourer, Muerschel, Roos, Schall.

27. Aufsichtskommission der Lyceen für Knaben;
die Herren Muerschel, Stæhling, Walter.

28. Aufsichtskommission der Lyceen für Mädchen :
die Herren Mourer, Roos, Stæhling.

29. Patronatsausschuss der Ecole primaire supérieure für Knaben :
die Herren Haug, Heck, Kœssler, Muerschel, Roos, Schluck.

30. Patronatsausschuss der Ecole primaire supérieure für Mädchen :
die Herren Haug, Heck, Kœssler, Muerschel, Roos, Schluck.

*) Diese Ernennung wurde durch Gemeinderatsbeschluss vom 14. Oktober 1929 annulliert.

31. Conseil départemental d'hygiène :*)
MM. Hengstler et Streisguth.

32. Conseil d'administration du Centre régional de lutte contre le cancer :
M. Brion.

33. Comité des colonies de vacances :
M. Merckel à la place de M. Kunkler,
M. Klein à la place de M. Pétri.

34. Commission de la circulation :
M. Heysch à la place de M. Imbs,
M. Federlin à la place de M. Pétri,
en outre M. Merckel.

35. Commission pour le développement des jardins ouvriers :
MM. Ferrenbach, Garcin, Heil, Imbs et Merckel.

*) Cette nomination a été annulée par délibération du 14 octobre 1929, M. le Préfet ayant déjà nommé antérieurement MM. Brion et Peirotes.

31. Bezirksgesundheitsrat :*)
die Herren Hengstler und Streisguth.

32. Verwaltungsrat des Instituts zur Bekämpfung der Krebskrankheiten :
Herr Brion.

33. Vorstand der Ferienkolonien :
Herr Merckel an Stelle von Herr Kunkler,
Herr Klein an Stelle von Herrn Petri.

34. Verkehrskommission :
Herr Heysch an Stelle von Herrn Imbs,
Herr Federlin an Stelle von Herrn Petri,
dazu Herr Merckel.

35. Kommission für das Kleingartenwesen :
die Herren Ferrenbach, Garcin, Heil, Imbs und Merckel.

*) Diese Ernennung wurde durch Gemeinderatsbeschluss vom 14. Oktober 1929 annulliert, da der Herr Präfekt bereits vorher die Herren Brion und Peirotes ernannt hatte.

TABLEAU

des Commissions permanentes du Conseil municipal et de leurs membres.

Verzeichnis

der ständigen Kommissionen des Gemeinderats und ihrer Mitglieder.

Ire Commission (domaines et finances – Domänen und Finanzen) : Dahlet, Federlin, Heil, Mæchling, Merckel, Mohn, Muerschel, Peirotes, Roos, Walter.

IIe Commission (travaux – Arbeiten) : Fassnacht, Haug, Heysch, Imbs, Klein, Mæchling, Merckel, Mohn, Riehl, Schlegel, Schluck, Stæhling.

IIIe Commission (instruction – Unterrichtswesen) : Dahlet, Garcin, Hauss, Heck, Kœssler, Mourer, Nægelen, Roos, Schall, Streisguth.

IVe Commission : Brion, Fassnacht, Federlin, Ferrenbach, Garcin, Hauss, Hengstler, Imbs, Klein, Riehl, Spiesser.

Commission de l'Œuvre Notre-Dame (Stift « Unser Frauen Werk ») : Heil, Kœssler, Mohn, Peirotes, Streisguth.

Commission du Théâtre municipal (Theater) : Dahlet, Garcin, Hauss, Merckel, Mohn, Mourer, Muerschel, Nægelen, Peirotes, Roos, Schlegel, Streisguth.

Commission du service des incendies (Feuerwehr) : Federlin, Garcin, Hengstler, Imbs, Klein, Schlegel, Schluck, Spiesser.

Commission du service des eaux (Wasserwerk) : Heil, Klein, Mæchling, Mohn, Spiesser.

Commission d'appel en matière d'adjudication (Beschwerdekommission) : Fassnacht, Mæchling, Riehl.

Commission pour les questions d'habitation (Wohnungsfragen) : Fassnacht, Ferrenbach, Hengstler, Klein, Mæchling, Riehl, Schall, Spiesser, Streisguth.

Commission des cultes (Kultus) : Garcin, Hauss, Kœssler, Mourer, Muerschel.

Commission pour les questions de valorisation (Valorisationsfragen) : Haug, Heck, Heil, Klein, Schluck.

Commission pour les questions de la Foire-Exposition (Ausstellungsfragen) : Dahlet, Hauss, Merckel, Schluck, Streisguth.

Commission pour les questions de l'éclairage public (öffentliche Beleuchtung) : Ferrenbach, Heck, Merckel, Schall, Stæhling.

Commission pour les travaux d'entretien (Unterhaltsarbeiten) :

a) pour la voirie (Strassen) : Fassnacht, Federlin, Imbs.

b) pour les immeubles (Gebäude) : Heil, Mæchling, Schluck.

Durée des mandats accessoires des Conseillers municipaux.

Dans sa séance du 22 juillet 1929, 13e point de l'ordre du jour, le Conseil municipal a adopté le projet de délibération suivant concernant la *durée de certains mandats accessoires des Conseillers municipaux* :

« Le Conseil municipal est d'avis que les « mandats attribués par lui directement ou « indirectement dans des conseils de surveillance « ou des commissions cessent régulièrement à « l'expiration de la période du mandat du Con- « seil municipal respectif et stipule que les mandats « conférés pendant la période actuelle expireront « en mai 1935. Si dans des cas particuliers les « statuts ou règlements régissant les conseils de « surveillance et commissions susvisées s'opposent « à cette cessation du mandat, les membres en « cause devront s'en démettre volontairement. « Les membres du Conseil municipal qui, pendant « la durée du mandat légal, démissionnent ou « transfèrent leur domicile hors de Strasbourg, « perdent également de ce fait leurs mandats « accessoires.

« Etant donné le caractère naturel et logique « de ce principe, le Conseil attend des membres « de l'ancien Conseil municipal qui détiennent « encore de tels mandats qu'ils le reconnaissent « également. »

Dauer der Nebenmandate der Gemeinderatsmitglieder.

In der Sitzung des Gemeinderats vom 22. Juli 1929, Punkt 13 der Tagesordnung, wurde bezügl. der *Dauer der Nebenmandate der Gemeinderatsmitglieder* folgender Beschluss gefasst:

« Der Gemeinderat ist der Ansicht, dass die « von ihm direkt oder indirekt erteilten Mandate « in Aufsichtsräte und Kommissionen ordnungs- « gemäss mit Ablauf der Amtsperiode des jewei- « ligen Gemeinderats ablaufen und bestimmt, « dass die Mandate der jetzigen Amtsperiode « im Mai 1935 erlöschen. Sollten in Einzelfällen « Statuten und Satzungen solcher Aufsichtsräte « und Kommissionen dem entgegenstehen, so « haben die Betreffenden das Mandat freiwillig « niederzulegen. Gemeinderatsmitglieder, welche « während der Dauer der gesetzlichen Amtsperiode « demissionieren oder von Strassburg verziehen, « verlieren hierdurch ebenfalls ihre Nebenmandate.

« Bei der Natürlichkeit und Selbstverständ- « lichkeit dieses Grundsatzes wird die Aner- « kennung desselben auch von den früheren Ge- « meinderatsmitgliedern, die noch solche Mandate « innehaben, erwartet. »

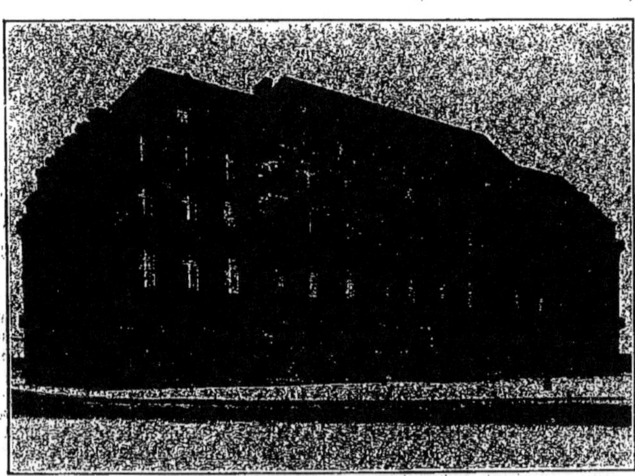

Bourse de commerce — Handelsbörse.

Bâtiment commencé en 1914 et achevé en 1927 par la ville avec le concours de la Chambre de commerce.

Der Bau wurde 1914 begonnen und 1927 durch die Stadt unter Mitwirkung der Handelskammer fertig gestellt.

V. ÉLECTIONS COMPLÉMENTAIRES
AU
CONSEIL D'ARRONDISSEMENT DES 23 ET 30 JUIN 1929
AU CANTON NORD.

V. Ersatzwahlen zum Kreisrat im Kanton Nord
am 23. und 30. Juni 1929.

8*

Résultat de l'élection complémentaire au Conseil d'arrondissement des 23 et 30 juin 1929
en remplacement de M. Paul Weill, démissionnaire, au canton NORD.

Wahlergebnisse der Ersatzwahl zum Kreisrat
vom 23. und 30. Juni 1929 für den freiwillig ausgeschiedenen Herrn Paul Weill im Kanton NORD.

1er tour
2e tour

N°	Bureau de vote / Stimmlokal — Lieu / Ort	Nombre des électeurs inscrits / Zahl der eingeschriebenen Wähler	Nombre des votants d'après les feuilles d'émargement / Wahlbeteiligung — %	chiffres absolus	Nombre des enveloppes trouvées dans l'urne / Zahl der in der Urne vorgefundenen Stimmzettel	Bulletins non valables / Ungültige Stimmzettel	Bulletins valables / Gültige Stimmzettel	Répartition des suffrages exprimés / Stimmenverteilung — Dr. Freysz Maurice (rép. dém.)	Schall Paul (autonom.)	Sammel Guillaume (socialiste)	Divers
1	Hôtel de Ville	719	25,46	183	183	—	183	58	106	19	—
		719	*29,49*	*212*	*212*	—	*212*	*68*	*127*	*17*	—
4	Lycée Kléber (Palais)	1.121	23,47	263	263	3	260	104	116	40	—
		1.121	*32,30*	*362*	*362*	*1*	*361*	*190*	*158*	*13*	—
5	Ecole de travail israélite	1.060	25,76	273	273	2	271	105	133	32	1
		1.060	*31,51*	*334*	*334*	*2*	*332*	*159*	*157*	*16*	—
6	Bâtiment des ateliers de la Chambre des métiers	1.080	27,97	302	302	—	302	180	75	47	—
		1.080	*34,08*	*368*	*368*	—	*368*	*272*	*89*	*7*	—
7	Ecole Pigier	727	26,41	192	192	—	192	97	74	21	—
		727	*32,05*	*233*	*233*	—	*233*	*137*	*84*	*12*	—
8	Bâtiment principal de l'Université	1.352	28,63	387	387	2	385	227	127	31	—
		1.352	*35,36*	*478*	*478*	*2*	*476*	*328*	*133*	*15*	—
9	Ecole technique	1.894	27,09	513	513	4	509	152	250	106	1
		1.894	*29,36*	*556*	*556*	*5*	*551*	*221*	*272*	*58*	—
10	Bâtiment principal de l'Université	1.274	27,95	356	356	2	354	183	127	44	—
		1.274	*32,66*	*416*	*416*	*1*	*415*	*241*	*143*	*30*	*1*
20	Grande salle de l'Aubette	670	18,81	126	126	1	125	39	69	17	—
		670	*24,18*	*162*	*162*	—	*162*	*63*	*81*	*18*	—
25	Ecole Schœpflin	727	23,66	172	172	2	170	82	70	17	1
		727	*30,00*	*218*	*218*	*2*	*216*	*111*	*90*	*15*	—
26	Ecole primaire, rue Bœcklin, Rob.	1.499	29,15	437	437	4	433	172	166	94	1
		1.499	*35,96*	*539*	*539*	*2*	*537*	*252*	*207*	*78*	—
27	Ecole primaire, rue Bœcklin, Rob.	1.549	29,76	461	461	7	454	124	99	230	1
		1.549	*32,47*	*503*	*503*	*3*	*500*	*187*	*166*	*147*	—
28	Bâtiment du restaurant d'Exposition au Wacken	331	25,40	84	84	1	83	35	36	12	—
		331	*32,03*	*106*	*106*	*2*	*104*	*57*	*45*	*2*	—
	Total du 1er tour	14.003	26,77	3.749	3.749	28	3.721	1.558	1.448	710	5
	» » 2e »	*14.003*	*32,04*	*4.487*	*4.487*	*20*	*4.467*	*2.286*	*1.752*	*428*	*1*

Résultat du 1er tour. — Ergebnis des 1. Wahlgangs.

Electeurs inscrits	14.003
dont le quart	3.501
Nombre des votants	3.749
Bulletins non valables	28
Bulletins valables	3.721
Majorité absolue	1.862

Ont obtenu :
Es erhielten :

MM. le Dr Maurice Freysz (rép. dém.) 1.558 voix (Stimmen); Paul Schall (autonom.) 1.448 voix (Stimmen); Guill. Sammel (soc.) 710 voix (Stimmen).

Aucun des candidats n'a réuni les conditions exigées par la loi pour être élu.
Kein Kandidat hat im 1. Wahlgang die gesetzlichen Bedingungen erfüllt um gewählt zu werden.

Résultat du 2e tour. — Ergebnis des 2. Wahlgangs.

A été élu (Gewählt wurde): M. le Dr Maurice Freysz avec (mit) 2.286 voix (Stimmen), soit (gleich) 16,33 p. cent (%) des électeurs inscrits (der eingeschriebenen Wähler) et (und) 50,95 p. cent (%) des votants (der Wählenden).

Ont encore obtenu des suffrages (Es erhielten noch): M. Paul Schall 1.752 voix, soit 39,05 p. cent des votants,
M. Guillaume Sammel 428 voix (Stimmen), soit (gleich) 9,54 p. cent des votants (der Wählenden).

Diagramme de la répartition des suffrages exprimés entre les partis politiques avec indication du pourcentage des abstentions aux élections complémentaires pour le Conseil d'arrondissement des 23 et 30 juin 1929 au canton Nord.

Graphische Darstellung der Stimmenverteilung auf die politischen Parteien mit Angabe des Prozentsatzes der Stimmenthaltungen bei der Ersatzwahl zum Kreisrat im Kanton Nord vom 23. und 30. Juni 1929.

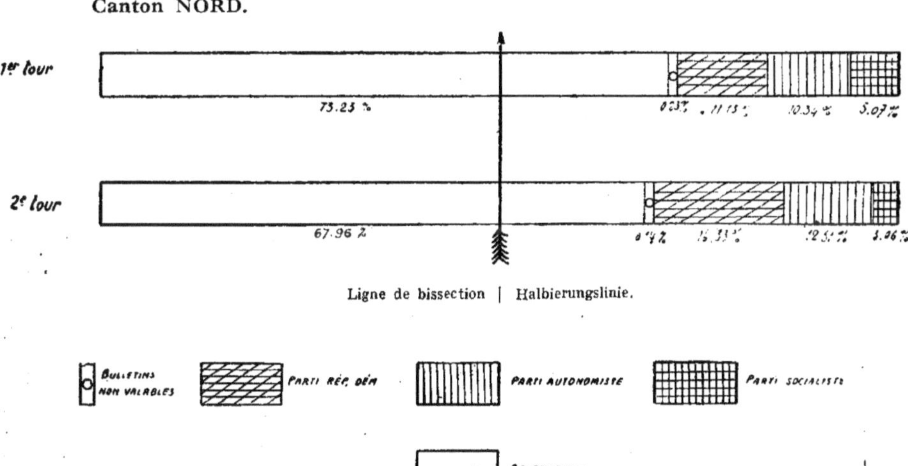

L'art. 7 de la loi du 17 octobre et le décret du 20 mars 1925 ont institué une représentation commune pour les arrondissements de Strasbourg-Ville et de Strasbourg-Campagne, qui ont un seul *« conseil d'arrondissement de Strasbourg »* avec 9 conseillers, le canton de Strasbourg-Nord étant représenté par deux conseillers d'arrondissement.

Les mandats des cantons de ce conseil sont renouvelables comme suit :

Durch Gesetz vom 17. Oktober 1919, Art. 7, und Dekret vom 20. März 1925 wurde für die Kreise Strassburg-Stadt und Strassburg-Land eine gemeinsame Vertretung ,der «Kreisrat von Strassburg» mit 9 Mitgliedern eingesetzt. Der Kanton Strassburg-Nord ist darin durch 2 Kreisratsmitglieder vertreten.

Die Mandate der einzelnen Kantone dieses Kreisrates sind wie folgt erneuerbar :

en 1925, en 1931, en 1937.	en 1928, en 1934, en 1940
Canton de Strasbourg-Nord,	Canton de Strasbourg-Est,
» Strasbourg-Sud,	» Strasbourg-Ouest,
» Brumath,	» Schiltigheim,
» Hochfelden,	» Truchtersheim.

Les conseillers d'arrondissement des cantons de Strasbourg sont :

Die Kreisratsmitglieder der Kantone von Strassburg sind :

Strasbourg-Nord	M. le Dr Maurice Freysz (démocr.) M. Fr. Oesinger (rad.)
» Sud :	M. Emile Bohn (soc.)
» Ouest :	M. Henri Reisacher (autonom.)
» Est :	M. Michel Heysch, adjoint au Maire de Strasbourg (com.)

Aux élections complémentaires des 23 et 30 juin 1929 dans le canton Nord, 27 et 32 p. cent des électeurs inscrits sont allés aux urnes. Ce taux est relativement élevé pour les élections d'arrondissement : aux élections de juillet et août 1925, il a été de 4 à 11 p. cent au premier tour et de 3 à 9 au second.

Bei den Ergänzungswahlen im Kanton Nord vom 23. und 30. Juni 1929 sind 27 bezw. 32 Prozent der eingeschriebenen Wähler zur Urne gegangen. Dieser Prozentsatz kann als sehr hoch bezeichnet werden, da bei den Wahlen vom Juli und August 1925 die Beteiligung nur 4 bis 11 Prozent beim ersten, und 3 bis 9 Prozent beim 2. Wahlgang der Kreisratswahlen betrug.

ANNEXE.

Les élections consulaires à Strasbourg.

I. Les élections des membres de la Chambre de commerce de Strasbourg.

Observations préliminaires.

Jusqu'en 1897, les chambres de commerce d'Alsace-Lorraine ont été régies par les mêmes lois que celles des anciens départements français. A partir de ce moment, une loi locale a mis le régime des chambres de commerce de Colmar, Metz, Mulhouse et Strasbourg en harmonie avec la législation commerciale allemande, introduite en 1872 dans le territoire annexé, et tout en étendant les attributions de ces établissements publics, a élargi le cadre de leurs électeurs, en créant un régime censitaire modéré. Depuis cette réforme, qui a été l'œuvre des membres indigènes de la délégation d'Alsace-Lorraine, il faut, pour figurer sur les listes électorales, être commerçant de plein droit (Vollkaufmann), être inscrit au registre de commerce et être taxé à l'impôt sur les professions pour un rendement commercial brut et annuel d'au moins 6.000 Mk, soit 7.500 fr.

En France, le régime des chambres de commerce a évolué en 1908, après la réforme de leurs attributions en 1898, vers le suffrage universel de toutes personnes faisant acte de commerce, sans distinction de l'échelle de ces opérations, mais avec un correctif consistant en la faculté de répartir les sièges des chambres de commerce entre des catégories d'industriels ou de commerçants.

Après le rétablissement de l'administration française dans les départements recouvrés, le taux limite d'imposition fut maintenu à 7.500 fr. Ce taux par suite de la dépréciation de l'argent. élargissait, en réalité, considérablement les rangs des électeurs aux chambres de commerce, afin d'assimiler progressivement ces corps électoraux à ceux des autres chambres de commerce françaises.

L'institution, par la loi du 18 mars 1919, d'un registre de commerce en France — malgré les différences qui le distinguent du registre de commerce du droit local — et la création, par la loi du 1er juin 1923, de l'obligation d'être inscrit à ce registre pour figurer sur les listes électorales des chambres de commerce, ont rapproché le régime des chambres de commerce françaises de celui existant dans les départements recouvrés.

ANHANG.

Die Wahlen der Mitglieder der Handelskammer und der Kammer für Handelssachen beim Gericht erster Instanz von Strassburg.

I. Die Wahlen der Mitglieder der Strassburger Handelskammer.

Vorbemerkung.

Bis 1897 wurden die Handelskammern von Elsass-Lothringen nach denselben Gesetzen verwaltet, wie die der früheren französischen Departements. Von diesem Zeitpunkt ab wurden die Handelskammern von Colmar, Metz, Mülhausen und Strassburg unter das Regime eines Lokalgesetzes gestellt, das im Einklang mit der bereits schon 1872 in den annektierten Gebieten eingeführten deutschen Handelsgesetzgebung stand. Dadurch wurden die Befugnisse dieser öffentlichen Anstalten bedeutend erweitert sowie der Kreis ihrer Wählerschaft vergrössert. Seit dieser Reform, die das Werk der einheimischen Mitglieder der elsass-lothr. Delegation war, muss man, um auf der Wählerliste figurieren zu können, Vollkaufmann, im Handelsregister eingetragen, sowie bei der Gewerbesteuer mit einem Jahresbrutto-Einkommen von mindestens 6 000 Mark (d. h. 7 500 Fr.) veranlagt sein.

In Frankreich hat sich das Verwaltungsregime der Handelskammern im Jahre 1908, nach einer Reform deren Befugnisse im Jahr 1898, nach dem allgemeinen Wahlrecht aller Personen hin entwickelt, die Handel treiben, ohne Unterschied der Bedeutung dieser Geschäfte, jedoch mit einem Korrektiv, wonach die Sitze auf die einzelnen Berufsgruppen verteilt werden können.

Nach der Wiedereinführung der französischen Verwaltung in den 3 wiedergewonnenen Provinzen wurde die Grenze der Steuerveranlagung mit 7 500 Fr. beibehalten.

Diese Ziffer erweiterte in Wirklichkeit, infolge der Geldentwertung, bedeutend die Reihen der Handelskammerwähler und stellte somit diese Körperschaft nach und nach denjenigen der übrigen französischen Handelskammern gleich.

Die Einrichtung eines Handelsregisters in Frankreich durch Gesetz vom 18. März 1919, das jedoch von demjenigen des lokalen Rechts abweicht, sowie die durch Gesetz vom 1. Juni 1923 geschaffene Verpflichtung in diesem Register eingetragen zu sein, um auf den Wählerlisten der Handelskammern eingetragen zu werden, haben das Regime der französischen Handelskammern demjenigen der drei Bezirke von Elsass und Lothringen näher gebracht.

Bien que le projet de loi portant introduction dans ces départements des lois commerciales françaises, déposé le 6 avril 1922, n'ait pas encore été voté par le Parlement au début de l'année 1924, et que, de ce fait, le registre de commerce, institué par la loi du 18 mars 1919, n'ait pas encore remplacé le registre de commerce local, plus restreint, le nombre des personnes inscrites ou susceptibles d'être inscrites au registre de commerce local s'est accru dans de telles proportions depuis l'armistice, qu'il a semblé, tant aux chambres de commerce qu'à l'administration et au conseil consultatif d'Alsace et de Lorraine, qu'on pouvait dès le début de 1924 franchir le pas du régime local au régime national.

Les chambres de métiers d'Alsace et de la Moselle, qui avaient conçu certaines inquiétudes au sujet de l'élargissement progressif du corps électoral des chambres de commerce, se sont rendu compte que leur activité n'était pas compromise, tant que leur *statut, déterminé par le* code local des professions (Gewerbeordnung), resterait inchangé.

Un décret du 12 février 1924 a déclaré applicable dans les 3 départements recouvrés la législation française sur les chambres de commerce.

L'article 1er a eu pour effet d'étendre la totalité de la législation sur les chambres de commerce actuelle ou future aux départements désannexés. L'article 7 a abrogé la législation locale, sauf à maintenir le nombre de sièges de chaque chambre de commerce.

Les articles 2 et 4 ont assimilé, pour l'établissement des listes électorales et l'assiette des contributions aux chambres de commerce, le registre de commerce local, destiné à disparaître (et disparu depuis le 1er janvier 1925) au registre de commerce national et l'inscription au rôle de l'impôt local sur les professions à celui de la patente, provisoirement maintenu à titre d'impôt départemental et communal dans les quarte-vingt-sept départements, mode d'imposition que la loi du 31 mars 1923 n'a pas rétabli dans les départements recouvrés.

Les articles 5 et 6 ont assuré le passage du mécanisme local des élections au régime national ainsi que la coïncidence des époques des élections.

Le nombre des membres des chambres de commerce reste fixé à 24 pour celles de Metz et de Strasbourg et à 18 pour celle de Colmar et de Mulhouse.

Obwohl das Gesetzesprojekt vom 6. April 1922, das die Einführung des französischen Handelsgesetzes in diesen Provinzen vorsah, vom Parlament aber bis Beginn des Jahres 1924 noch nicht angenommen war, und das lokale beschränktere Handelsregister durch das vom 18. März 1919 in Frankreich eingeführte noch nicht ersetzt war, ist die Zahl der im lokalen Handelsregister eingetragenen oder zur Eintragung berechtigten Personen derart angewachsen, dass es die Handelskammern, die Verwaltung und der Conseil Consultatif d'Alsace et Lorraine für angebracht erachteten, bereits zu Anfang des Jahres 1924 diesen Schritt zu tun und das nationale Regime an Stelle des lokalen zu setzen.

Die Handwerkskammern von Elsass und Lothringen, die gewisse Besorgnisse bezüglich der fortschreitenden Erweiterung der Wählerschaft der Handelskammern zeigten, stellten fest, dass ihr Wirkungskreis nicht gefährdet ist, so lange ihr, durch die Gewerbeordnung bestimmtes Statut unverändert bleibt.

Ein Dekret vom 12. Februar 1924 hat bestimmt, dass für die wiedergewonnenen 3 Bezirke die französische Gesetzgebung über die Handelskammern anwendbar ist.

Art. 1 erklärt die volle Anwendung der bereits bestehenden, sowie der zukünftigen Handelskammergesetze in den wiederangegliederten Provinzen. Art. 7 hat die lokale Gesetzgebung aufgehoben, unter Beibehaltung der Anzahl der Sitze für jede Handelskammer.

Die Art. 2 und 4 haben für die Aufstellung der Wählerlisten und die Veranlagung der Beiträge für die Handelskammern, das zur Abschaffung bestimmte (und seit dem 1. Januar 1925 abgeschaffte) lokale Handelsregister, dem nationalen Handelsregister, und die Eintragung in die Heberolle der lokalen Gewerbesteuer derjenigen der Patentsteuer angepasst, welch letztere vorläufig in den 87 Departements aufrechterhalten wird, eine Steuerart, die das Gesetz vom 31. März 1923 in den wiedererworbenen Provinzen nicht wieder eingeführt hat.

Die Art. 5 und 6 haben den Uebergang vom lokalen Wahlsystem zum nationalen Regime, sowie das Zusammentreffen der Wahlepochen gesichert.

Die Zahl der Mitglieder der Handelskammern bleibt für Metz und Strassburg auf 24 und derjenigen von Colmar und Mülhausen auf 18 bestehen.

Le Journal officiel du 27 août 1924 (page 7.948) **a publié le tableau des catégories professionelles de la Chambre de Commerce de Strasbourg:**

Die Gewerbe-Kategorien der Strassburger Handelskammer und ihre Sitze:

Catégories	Professions Berufe	Nombre de sièges Zahl der Sitze oder Mitglieder
Ire	1. Les concessionnaires de mines 2. Les exploitants de carrières 3. Les entreprises de travaux publics et de bâtiment 4. Tous les fabricants ne travaillant pas exclusivement sur commande individuelle et pour la consommation directe	11
IIe	1. Maisons faisant travailler subsidiairement à façon 2. Les banques, les compagnies d'assurances 3. Les entreprises de transports 4. Les commissionnaires, agents (représentants de commerce, entrepositaires ou dépositaires)	8
IIIe	1. Tous les détaillants, même produisant ou transformant directement pour la consommation et ne travaillant pas en série ni pour le stock 2. Les grands magasins et maisons à succursales multiples 3. Les hôtels et restaurants 4. Les théâtres, cinémas, etc., entreprises de pompes funèbres et de commerce ambulant.	5

Les mandats qui devaient prendre fin au cours de l'année 1924 ont été prorogés jusqu'aux élections de l'année 1924, dont la date a été reportée au mois de décembre. Les mandats devant prendre fin en 1926 et 1928 expirèrent au moment des élections des mois de décembre 1925 et 1927. Les mandats des membres à élire en 1924, en remplacement de la série sortante, auront une durée de 5 années.

Die Mandate, die im Laufe des Jahres 1924 zu Ende gehen sollten, wurden bis zur Wahl im Dezember 1924 verlängert. Die Mandate, die 1926 und 1928 abliefen, hörten durch die Wahlen vom Monat Dezember 1925 und 1927 auf. Die Mandate der Mitglieder die 1924 zu wählen waren für die ausscheidende Serie, haben eine Dauer von 5 Jahren.

Chambre de commerce de Strasbourg.
Strassburger Handelskammer.

a) Elections à la Chambre de commerce du 15 décembre 1924. (Renouvellement intégral.)

Ire catégorie (11 membres)				IIe catégorie (8 membres)				IIIe catégorie (5 membres)			
Bureau de vote	Electeurs inscrits	Nombre des vot.	Bulletins valables	Bureau de vote	Electeurs inscrits	Nombre des vot.	Bulletins valables	Bureau de vote	Electeurs inscrits	Nombre des vot.	Bulletins valables
Hôtel de ville	238	174	170	Hôtel de ville	346	216	215	Hôtel de ville	329	285	281
Dans l'ensemble de la circonscription	634	406	...		573	341	—		756	508	—

Ire catégorie

Nom et prénoms des candidats	Qualifications	Suffrages obtenus à Strasbourg	Suffrages obtenus dans tout le Départ.
Herrenschmidt Fernand	industriel	167	395
Lévy Henri	minotier	165	380
de Turckheim Bernard	industriel	165	392
Schaal Georges	»	164	391
Ehrhardt Roger	admin.-délég. (Pechelbronn)	163	388
Peter Fernand	entrepreneur	162	388
Jacquel Paul	industriel	147	350
Luck Henri	»	138	345
Ott Edouard	»	137	343
Winckler Paul	»	136	345
Burger Paul	»	135	337
Becker Alexandre	minotier	33	—
Deutschler Alph.	fabricant	32	—
Diebold André	»	32	—
Renger Joseph	»	31	—
Kleinclaus Charles	»	29	—

IIe catégorie

Nom et prénoms des candidats	Qualifications	Suffrages obtenus à Strasbourg	Suffrages obtenus dans tout le Départ.
Schaer Emile	commerçant en gros	206	324
Israel Edmond	admin.-délég.	203	318
Mœder Edouard	président (Chambre ind. du bois)	174	277
Seegmüller Charles	directeur	172	276
Lechten Edmond	commerçant en vins	166	270
Helmer André	directeur	162	264
Weil Paul-Maurice	commerçant en gros	161	258
Stephan Alfred	directeur de banque	146	249
Baratier de Rey	administr.-délégué	52	
Magnette Jean	épicier en gros	49	
Hubster A.	commerçant en vins	47	
Schmitt Henri	commerçant	45	
Rœderer Etienne	représentant	44	
Kœbel Alfred	commerçant en gros	38	

IIIe catégorie

Nom et prénoms des candidats	Qualifications	Suffrages obtenus à Strasbourg	Suffrages obtenus dans tout le Départ.
Keller Georges	droguiste	177	261
Grimmeisen Henry	président de l'Union des détaillants	163	—
Weber, Jean-Aug.	directeur d'hôtel	156	—
Blum André	commerçant	153	—
Weill Félix	boucher	142	—
Adam Camille	épicier	129	300
Bloch Edmond	commerçant	120	282
Rohmer Xavier	»	118	279
Metzger René	boucher	117	279
Hanert Alfred	commerçant	94	—

b) Elections à la Chambre de commerce des 14 et 28 décembre 1925.

Handelskammerwahlen vom 14. und 28. Dezember 1925.

(Nomination partielle.) — (Teilweise Erneuerung.)

Ire catégorie (3 membres)				IIe catégorie (3 membres) *IIe tour*				IIIe catégorie (2 membres) *IIe tour*			
Bureau de vote	Electeurs inscrits	Nombre des vot.	Bulletins valables	Bureau de vote	Electeurs inscrits	Nombre des vot.	Bulletins valables	Bureau de vote	Electeurs inscrits	Nombre des vot.	Bulletins valables
Grande salle de l'Aubette	277	76	74	Grande salle de l'Aubette	380	131 *85*	119 *82*	Grande salle de l'Aubette	407	134 *75*	128 *69*
Dans tout le Département	783	226	225		817	117	117		3409	248	242

Nom et prénoms des candidats	Qualifications	Suffrages obtenus à Strasbourg	Suffrages obtenus dans tout le Départ.	Nom et prénoms des candidats	Qualifications	Suffrages obtenus à Strasbourg	Suffrages obtenus dans tout le Départ.	Nom et prénoms des candidats	Qualifications	Suffrages obtenus à Strasbourg	Suffrages obtenus dans tout le Départ.
Herrenschmidt Fernand	industriel	73	222	Helmer André	directeur	118 *78*	*110*	Adam Camille	détaillant	124 *68*	*238*
Jacquel Paul	»	73	220	Schaer Emile	épicier en gros	114 *78*	*110*	Keller Georges	droguiste	126 *69*	*2*
Brauer Edouard	directeur	72	196	Weil Maurice	négociant	113 *76*	*106*				

c) Elections à la Chambre de commerce des 5 et 19 décembre 1927.

Handelskammerwahlen vom 5. und 19. Dezember 1927.

(Nomination partielle — Teilweise Erneuerung.)

Iʳᵉ catégorie (4 membres)				IIᵉ catégorie (2 membres)				IIIᵉ catégorie (2 membres) *IIᵉ tour*			
Bureau de vote	Electeurs inscrits	Nombre des vot.	Bulletins valables	Bureau de vote	Electeurs inscrits	Nombre des vot.	Bulletins valables	Bureau de vote	Electeurs inscrits	Nombre des vot.	Bulletins valables
Ancienne salle de la Bourse	285	154	153	Ancienne salle de la Bourse	366	137	126	Ancienne salle de la Bourse	687	232 *101*	221 *98*
Dans tout le Département	1024	404	402		911	254	252		6262	319	315

Nom et prénoms des candidats	Qualifications	Suffrages obtenus à Strasbourg	Suffrages obtenus dans tout le Départ.	Nom et prénoms des candidats	Qualifications	Suffrages obtenus à Strasbourg	Suffrages obtenus dans tout le Départ.	Nom et prénoms des candidats	Qualifications	Suffrages obtenus à Strasbourg	Suffrages obtenus dans tout le Départ.
Frühinsholz Paul	directeur	151	399	Lechten Edmond	négociant	123	236	Bloch Edmond	négociant	218 *96*	— *310*
Rhein Auguste	Etabl. Coulaux Molsheim	151	399	Seegmüller Charles	expéditeur	123	233	Hauert Alfred	»	217 *94*	— *311*
Lévy Henri	industriel	149	388								
Peter Fernand	architecte-entrepren.	149	395								

II. Les élections des assesseures commerciaux de la Chambre commerciale du tribunal de Ire instance de Strasbourg

Observations :

La matière de la juridiction commerciale est une de celles qui présentent les caractéristiques les plus particulières dans le nouveau droit alsacien et lorrain. La loi du 1er juin 1924 portant introduction de la législation commerciale française a fait un amalgame de règles de l'ancien droit local, de règles du droit français, de dispositions particulières qui diffèrent à la fois de l'un et de l'autre droit. En ce qui concerne *l'organisation judiciaire*, les chambres commerciales de l'ancien droit local sont maintenues après le 1er janvier 1925, date à laquelle la législation commerciale française a été introduite dans nos 3 départements ; mais les assesseurs commerciaux sont nommés en conformité de la loi française du 8 décembre 1883, complétée par l'art. 28 de la loi du 1er juin 1924.

Les affaires commerciales sont examinées et jugées par 3 juges : un président et deux assesseurs. Le président est un juge de carrière, nommé pour cinq ans par le gouvernement ; les assesseurs sont des commerçants élus par leurs confrères. Il y a des chambres commerciales près les tribunaux de Ire instance de Strasbourg, Metz, Colmar et Mulhouse. La fonction des assesseurs est de quatre ans, avec renouvellement par moitié tous les deux ans (art. 28 de la loi du 1er juin 1924). Dans les autres départements, les fonctions durent 2 ans, avec renouvellement par moitié chaque année. On a donc dérogé à la loi française sur un point de minime importance.

Si l'on examine les résultats des élections consulaires, l'on constate que nos commerçants s'en sont en grande partie désintéressés, comme c'est d'ailleurs souvent le cas dans les autres départements.

II. Die Wahlen der Beisitzer der Kammer für Handelssachen beim Gericht erster Instanz von Strassburg

Bemerkungen :

Die Handelsgerichtsbarkeit ist eine derjenigen Rechtsmaterien im neuen Recht von Elsass und Lothringen, welche besonders Eigentümlichkeiten aufweisen. Das Gesetz vom 1. 6. 1924 betr. Einführung der französischen Handelsgesetzgebung hat eine Mischung von Bestimmungen aus dem früheren lokalen Recht, aus dem französischen Recht und aus besonderen Vorschriften gemacht, die von dem einem wie dem anderen abweichen. In der Gerichtsordnung sind die Kammern für Handelssachen des lokalen Rechts nach dem 1. 1. 1925 beibehalten worden. Die Beisitzer werden aber ernannt in Uebereinstimmung mit dem Gesetz vom 8. Dezember 1883, vervollständigt durch den Artikel 28 des Gesetzes vom 1. Juni 1924.

Die bei der Kammer für Handelssachen anhängig gemachten Angelegenheiten werden durch 3 Richter, bestehend aus dem Präsidenten und 2 Beisitzern, geprüft und entschieden. Der Präsident, ein Berufsrichter, wird für die Dauer von 5 Jahren durch die Regierung ernannt ; die Beisitzer sind Kaufleute und werden auch durch diese gewählt. Kammern für Handelssachen sind bei den Gerichten 1. Instanz in Strassburg, Metz, Colmar und Mülhausen. Die Amtsdauer der Beisitzer beträgt vier Jahre. Die Erneuerung derselben erfolgt alle 2 Jahre je zur Hälfte (Art. 28 vom Gesetz vom 1. Juni 1924). In den anderen Departements beträgt die Amtsdauer nur 2 Jahre und wird die Hälfte der Beisitzer alle Jahre erneuert. Hier ist man also in einem unwichtigen Punkte vom französischen Recht abgewichen.

Wenn man die Resultate der Handelskammerwahlen prüft, stellt man fest, dass ein grosser Teil unserer Geschäftsleute sich nicht darum gekümmert haben, wie dies auch in den anderen Departements häufig der Fall ist.

1. Elections à la Chambre commerciale près le Tribunal de Ire Instance de Strasbourg

des 12 et 28 décembre 1925.

Die Wahlen der Beisitzer der Kammer für Handelssachen beim Gericht erster Instanz in Strassburg vom 12. und 28. Dezember 1925.

Renouvellement intégral de 16 assesseurs.) - (Vollständige Erneuerung von 16 Beisitzern.)

IIe tour.

Bureau de vote	Electeurs inscrits à Strasbourg	Nombre des vot. à Strasbourg	Bulletins valables à Strasbourg	Electeurs inscrits (dans l'ensemble de la circonscription)	votants (dans l'ensemble de la circonscription)	Bulletins valables (dans l'ensemble de la circonscription)
Grande salle de l'Aubette	1064	282 *194*	278 *188*	3365	391	330

Nom et prénoms des candidats	Qualifications	Suffrages obtenus à Strasbourg	Dans l'ensemble de la circonscription
Mœder Edouard	négociant	276 *166*	— *298*
Himly Jacques	secrétaire général	276 *177*	— *311*
Burger Paul	directeur	274 *182*	— *315*
Fruhinsholz Paul	industriel	274 *171*	— *304*
Bœckel Georges	négociant	273 *173*	— *306*
Reiber Jean	docteur en droit	272 *179*	— *312*
Seegmüller Charles	expéditeur	272 *184*	— *317*
Wœhrlin René	gérant	272 *177*	— *310*
Weber Georges	propriétaire	270 *167*	— *299*
Altorffer Adolphe	représentant	269 *179*	— *312*
Peter Fernand	entrepreneur	269 *184*	— *317*
Lévy Henri	directeur général	267 *175*	— *307*
David Henri	négociant	263 *162*	— *287*
Lalande Raymond	directeur	263 *178*	— *311*
Lieber Ernest	administr.-délégué	254 *166*	— *297*
Bloch Edmond	négociant	248 *172*	— *302*

2. Elections à la Chambre commerciale près le Tribunal de Ire Instance de Strasbourg

des 5 et 19 décembre 1927.

Die Wahlen der Beisitzer der Kammer für Handelssachen beim Gericht erster Instanz vom 5. und 19. Dezember 1927.

(Nomination partielle de 12 assesseurs.) — (Teilweise Erneuerung von 12 Beisitzern.)

IIe tour.

Bureau de vote	Electeurs inscrits à Strasbourg	Nombre des vot. à Strasbourg	Bulletins valables à Strasbourg	Electeurs inscrits dans l'ensemble de la circonscription	votants dans l'ensemble de la circonscription	Bulletins valables dans l'ensemble de la circonscription
Ancienne salle de la Bourse	1338	524 *212*	515 *212*	4702	384	383

Nom et prénoms des candidats	Qualifications	Suffrages obtenus à Strasbourg	Dans l'ensemble de la circonscription
Mœder Edouard	négociant	509 *206*	— *375*
Ungerer Alfred	constructeur	508 *206*	— *377*
Bœckel Georges	négociant	507 *209*	— *380*
Helmer André	directeur général	504 *207*	— *376*
Bloch Edmond	négociant	501 *201*	— *370*
Werner Edmond	»	501 *194*	— *365*
Fruhinsholz Paul	industriel	500 *205*	— *376*
Lieber Ernest	administrat.-délégué	499 *199*	— *369*
Staub Xavier	directeur	499 *201*	— *370*
Brion Auguste	entrepreneur	497 *13*	— —
Heymann Isidore	fabricant	493 *193*	— *363*
Schmidt Henri	directeur	480 *177*	— *347*
David Henri	négociant	*188*	*358*

www.ingramcontent.com/pod-product-compliance
Lightning Source LLC
LaVergne TN
LVHW052031060726
842528LV00002B/706

* 9 7 8 2 3 2 9 1 9 7 6 3 0 *